DreamWorks

Shrek le Troisième™

DreamWorks
Shrek le Troisième ™

L'édition originale de cet ouvrage a paru chez HarperCollins sous le titre :
Shrek the Third™: The Junior Novel

Conception graphique : John Sazaklis

Traduction : Maud Desurvire

DreamWorks

Shrek le Troisième™

LE ROMAN DU FILM

Adaptation :
Kathleen Weidner Zoehfeld

HACHETTE
Jeunesse

Chapitre Un

Prince Charmant traversa l'immense plaine au galop sur son fidèle destrier, Chauncey. La crinière dorée du cheval flottait au vent tandis que des éclairs zébraient le ciel sous les grondements du tonnerre.

— En avant, Chauncey ! Cap sur la plus haute fenêtre de la plus haute tour ! s'écria vaillamment le cavalier. Ma princesse attend que son beau prince vienne à sa rescousse !

Dans un petit théâtre décrépit, situé à la lisière du légendaire royaume de Fort Fort Lointain, les projecteurs venaient de s'allumer. Sur scène, Charmant interprétait son rôle avec ferveur, mais dans la salle, les spectateurs ne faisaient que ronchonner et gigoter dans leur siège. Dès que le rideau s'était levé, tous avaient pu constater qu'il s'agissait d'une production à petit budget. Le destrier du Prince n'était qu'un vulgaire bâton emmanché d'une tête de cheval en carton, et le reste du décor ne valait pas mieux : une tour de château minable siégeait devant une toile de fond peinte avec les moyens du bord.

Prince Charmant fit semblant d'arriver au galop au pied de la tour.

— Ho, Chauncey ! héla-t-il sa monture.

Il fit mine d'en descendre, balança ses cheveux en arrière d'un geste théâtral, et posa son bâton-cheval par terre, sur les planches.

Une princesse se pencha par la fenêtre de la tour.

— Oyez ! chuchota-t-elle au public. Voici venir le vaillant Prince Charmant !

— N'ayez crainte, jeune demoiselle ! s'exclama Charmant. J'occirai le monstre qui vous garde, puis m'emparerai de mon trône légitime !

Un petit comédien rondelet vêtu d'un piètre

costume d'ogre arriva des coulisses en traînant les pieds.

— Grrrr ! grogna-t-il mollement.

Les spectateurs l'acclamèrent.

Prince Charmant contempla la foule, incrédule. Pourquoi applaudissaient-ils l'ogre ? Il *détestait* cet ogre. Et tout le monde aurait dû le détester !

Il fit un effort pour se ressaisir mais peina à retrouver son texte :

— ... Prépare-toi... infâme créature, à découvrir un monde de souffrances dont tu ignores tout !

Un trublion dans la salle se leva et balança son siège sur la scène.

— Du balai, Boucle d'Or !

Charmant esquiva de justesse la chaise, qui passa en sifflant au-dessus de sa tête puis qui dévala le plateau avant de percuter la tour délabrée.

Le comédien se racla nerveusement la gorge puis reprit, hésitant :

— Prépare-toi, infâme créature...

La tour se mit à grincer et à couiner dans son dos. Il jeta un coup d'œil par-dessus son épaule et eut un mouvement de recul : tout le décor était sur le point de s'effondrer ! Et de fait, une minute plus tard, la toile de fond s'écroula sur lui dans un gigantesque fracas.

Prince Charmant demeura debout, stoïque au milieu des décombres, sans une égratignure. Il était couvert de poussière... et le corps pile dans l'encadrement de fenêtre encore sur pied de la tour !

L'ogre et les spectateurs explosèrent de rire.

Furibond, l'artiste humilié brandit son épée cassée en menaçant toute l'assemblée :

— Un jour, vous le regretterez !

— C'est déjà le cas ! plaisanta un autre agitateur dans la salle.

De rage, Charmant jeta sa lame par terre, ramassa son cheval, et quitta la scène d'un air digne. Il sortit à l'extérieur, dans l'obscure allée où il s'était aménagé une loge improvisée. Sur la colline, au loin, il apercevait les tours du somptueux château de Fort Fort Lointain. Il se souvint alors de Shrek, cet ogre affreux qui l'avait privé de ses chances de régner sur le royaume. Prince Charmant s'assit à sa coiffeuse délabrée et se mit à sangloter.

Lorsqu'il releva enfin la tête, la photo de sa mère la Bonne Fée, fixée avec du Scotch au miroir de la coiffeuse, attira son attention. Au bas de la photo, écrit à la main, on pouvait lire : « *Ne perds pas espoir ! Pour le petit ange à sa maman.* »

Prince Charmant soupira :

— Tu as raison, maman. Ça ne se passera pas ainsi. Je *dois* faire quelque chose !

Il se leva, gonfla la poitrine et scruta le château de son regard d'acier. Il redressa le menton fièrement.

— Je suis le roi légitime de Fort Fort Lointain ! se révolta-t-il. Mère, je vous promets de redonner au trône la dignité qui lui revient !

À ce moment, une rafale de vent plaqua un journal au beau milieu de son visage. Il enleva le papier de sa figure, puis parcourut les gros titres. À la une, une photo montrait Shrek et la princesse Fiona, sa nouvelle épouse, saluant une foule de citoyens d'un geste majestueux. Non, non, et non ! C'était lui, le Prince Charmant, qui aurait dû épouser la princesse ! C'est comme ça que le conte était *censé* se finir !

— Cette fois, personne ne se mettra en travers de mon chemin ! hurla-t-il de colère, en froissant nerveusement la page en boule. PERSONNE !

Chapitre Deux

Pendant ce temps, au château, Shrek et Fiona tentaient tant bien que mal de s'adapter à l'emploi du temps de la Cour. Ils se réveillèrent aux premières lueurs du soleil, qui irradiait depuis la fenêtre de leur chambre. Toutefois, ils n'eurent que quelques secondes pour s'enlacer tendrement avant que l'Âne, radieux et en pleine forme, ne fasse irruption au pied de leur lit.

— Bonjour, bonjour ! chantonna-t-il.

Le chat Potté le suivait de près ; il passa la tête par la chatière.

— Bonjour à vous !

L'Âne continua à claironner joyeusement :

— Le soleil brille ! Bonjour, bonjour !...

— Bien le bonjour ! renchérit Potté, amusé.

— Bonjoooouuuur ! serina l'Âne dans les oreilles de Shrek.

Shrek plaqua subitement ses grosses pattes d'ogre sur le museau du trouble-fête en le regardant droit dans les yeux.

— O.K. ! merci pour la chansonnette, grogna-t-il. Mais est-ce que tu connais l'histoire de l'ogre qui fait la peau à l'Âne ?

Shrek lui indiqua la porte d'un air entendu.

— C'est ça, gros paresseux, lui répondit l'Âne en ignorant ses menaces. N'empêche que c'est l'heure d'aller au boulot. Et comme toujours, tes fidèles serviteurs sont là pour s'assurer que tu honores tes rendez-vous... comme un chef !

— *Si señor*, ajouta Potté. Votre journée au poste de remplacement du roi et de la reine s'annonce chargée. De nombreuses cérémonies officielles requièrent votre présence, Sire.

— Ô joie, soupira Shrek, ironique.

— Allez, faut s'y mettre ! conclut l'Âne, surexcité.

Il arracha les draps du lit de l'ogre vert et balbutia en voyant ses jambes nues.

— Ah ! s'écria-t-il, horrifié. Dis donc, faudrait quand même que tu penses à t'acheter une liquette pour la nuit !

Shrek n'avait malheureusement rien à redire. Son bon copain l'Âne disait juste. Qu'il le veuille ou non, il avait du travail. Le père de Fiona, désormais redevenu grenouille, était souffrant et alité, et c'était à lui de veiller aux obligations royales.

Première tâche au programme : la cérémonie de consécration d'un chevalier. Shrek se prépara et remonta l'allée centrale de l'église pleine à craquer. Le jeune soldat qui devait être fait chevalier ce jour-là observa nerveusement Shrek en train de s'approcher. Ce n'était pas exactement le roi qu'il attendait !

Potté salua et tendit une épée à l'ogre. En guise de démonstration, le chat dégaina sa propre lame et montra à Shrek comment consacrer un chevalier : en posant successivement et doucement la pointe du fer sur les épaules du soldat.

Shrek s'entraîna quelques minutes, un coup

ici, un coup là, puis tourna la tête vers Potté pour s'assurer qu'il s'y prenait bien. Tout à coup, sans le faire exprès, il blessa le chevalier d'un coup de sabre.

La foule en eut le souffle coupé d'effroi.

— Ahh ! s'écria l'Âne, horrifié.

L'apprenti souverain demeura impuissant. Et toute la journée, les choses allèrent de mal en pis ! Une fois qu'ils eurent porté secours au malheureux soldat, l'heure vint pour Shrek et ses amis d'assister à la cérémonie de baptême d'un nouveau navire de la marine royale. Là encore, ce fut la catastrophe. L'amiral tendit la bouteille de champagne à Shrek pour qu'il baptise le bateau avec. L'ogre s'appuya un instant contre la coque pour prendre la pose... et le navire prit la mer ! S'empressant d'accomplir son devoir, Shrek lança la bouteille contre sa coque, comme le veut la tradition à Fort Fort Lointain. Sauf qu'il n'avait pas la force d'un humain, mais celle d'un ogre ! La bouteille se fracassa contre la paroi en y perçant un énorme trou, et le navire se mit aussitôt à sombrer dans les eaux comme un vulgaire caillou !

L'Âne et Potté se regardèrent, consternés.

Une foule de citoyens s'attroupa autour de Shrek, et le moins qu'on puisse dire, c'est qu'ils n'avaient pas l'air content !

Finalement, un bal royal fut programmé pour la soirée, et les assistants officiels de Shrek décidèrent qu'il était temps de traîner leur ami chez Raul pour le soumettre à une métamorphose complète.

Raul, le maquilleur de Sa Majesté, ficela Shrek et Fiona dans des tabliers et examina minutieusement les deux gros ogres verts.

— On a joué de malchance aujourd'hui, concéda l'Âne, mais tout va changer avec le gala de ce soir. On va faire en sorte que tu te montres sous ton meilleur jour !

— Penses-tu pouvoir accomplir des miracles, Raul ? demanda Potté au maquilleur.

— Je ferai de mon mieux..., répondit ce dernier.

Il ouvrit un sac rempli d'outils de jardinage.

Shrek leva un sourcil, interloqué. Quel genre de métamorphose allait-il devoir subir pour ressembler, ne serait-ce que vaguement, à un roi ?!

Raul tira une ponceuse électrique de sa

besace et commença à limer les horribles ongles de doigts de pieds de Shrek.

Ensuite, vint l'étape « maquillage ». Le gros ogre eut les larmes aux yeux à mesure que Raul lui appliqua du mascara sur les cils. Être roi nécessitait-il vraiment de se donner autant de mal ?

Fiona n'était pas plus emballée que Shrek. Assise non loin de son époux, on lui arrachait les poils du nez !

— Aïe ! s'écria la princesse.

Puis, ce fut rouge à lèvres pour les deux. Vêtements chics, chaussettes et souliers minuscules, cols, corsets, rivets, ceintures... la totale !

Une fois prêt, le nouveau couple royal – endimanché, peinturluré et saucissonné dans leur costume – se leva face à l'Âne et Potté, chacun paré des plus grandes tenues de l'époque médiévale.

Ces derniers balbutièrent d'étonnement, quoique ravis du résultat.

— Euh... tout cela est-il vraiment indispensable ? leur demanda Fiona.

— Absolument, Fiona, répondit Raul à Shrek.

— Shrek, c'est moi, espèce d'andouille ! s'écria l'ogre à côté.

— Soit, répliqua le maquilleur, indifférent.

— Très bien, tout le monde ! les interrompit Potté. On n'a plus le temps de répéter. Allons prendre un bain de foule !

Le bal était sur le point de s'ouvrir.

— Allez, tout le monde sourit ! Voilà... de grands et beaux sourires ! les encouragea l'Âne.

Le page du roi se mit à annoncer les invités à mesure qu'ils faisaient leur entrée :

— Le Duc et la Duchesse de Patateville... Monseigneur Boulettes et Lady Sauce Piquante... Maître Fêtard et Madame Couche-Tôt...

Shrek agrippa la main de Fiona.

— Je ne suis pas sûr de pouvoir résister encore longtemps comme ça, soupira-t-il.

— Contente-toi de sourire et de tenir le coup, d'accord ? lui répondit gentiment la princesse. C'est juste le temps que papa se rétablisse.

Elle se tut un instant en contemplant son époux.

— Shrek...

— Hum, quoi ?

Fiona s'épanouit.

— Tu es très beau, ajouta-t-elle, avec un clin d'œil complice.

Shrek se détendit un peu et lui sourit.

Fiona plissa les lèvres et l'ogre se pencha vers sa douce pour lui donner un baiser, mais hélas ! leurs nouvelles toilettes guindées et volumineuses les en empêchèrent. Les deux amoureux se résignèrent.

— J'ai les fesses qui me démangent, Fiona ! Mais je n'arrive pas à me gratter dans cet accoutrement ! grogna soudain Shrek.

Il essaya de tendre le bras pour se gratter le derrière, mais sans plus de succès que pour sa tentative d'embrasser Fiona. C'était sans espoir !

Puis il repéra un des domestiques transportant un long sceptre en rubis.

— Quel est votre nom ? lui demanda-t-il en s'approchant de lui.

— Euh... Fiddlesworth, Sire, répondit le valet, intimidé.

— Parfait !

Shrek ordonna alors à Fiddlesworth de lui frotter les fesses avec le sceptre !

Au même moment, le rideau commença à se lever et le Maître de Cérémonie prononça son discours d'ouverture :

— Mesdames, Messieurs, veuillez accueillir les remplaçants temporaires du Roi et de la Reine de Fort Fort Lointain : Princesse Fiona et Son Altesse Shrek !

La foule applaudit. Mais, très vite, les acclamations s'affaiblirent à mesure que les invités découvrirent, totalement hébétés, Fiddlesworth en train de gratter le derrière de Sa Majesté !

— Allez, gratte bien, l'ami ! cria Shrek. Ah ! C'est déjà nettement mieux...

Potté et l'Âne échangèrent un coup d'œil nerveux.

— Oui, comme ça, un peu plus à gauche, continua l'ogre, qui n'avait toujours pas remarqué les regards fixés sur lui et sur le domestique.

— Hum... Shrek ? l'interrompit Fiona.

La foule recula d'horreur.

La princesse lutta désespérément pour capter l'attention de son royal époux.

— Voilà... ! dit encore celui-ci à Fiddlesworth.

— Shrek !

— Vas-y, gratte bien ! se mit à chantonner ce dernier, de plus en plus soulagé.

— *SHREK !* hurla enfin Fiona.

Surpris en flagrant délit de grattage jubilatoire, l'ogre sursauta en tournant la tête, et aperçut enfin les paires d'yeux braquées dans sa direction ; Fiddelsworth se figa net. Shrek gloussa nerveusement, la bedaine secouée dans tous les sens, à tel point que la boucle de sa ceinture toute neuve se détacha brusquement et partit en vol plané avant d'atterrir... pile dans l'œil de l'Âne !

— Aïe ! Je suis aveugle ! hurla ce dernier, en chancelant à travers la salle de bal.

Il se rattrapa au bras d'une dame dans l'assistance.

— Grand Dieu, que faites-vous ! s'écria celle-ci, offusquée, en le repoussant.

L'Âne vacilla et s'effondra sur un garde qui tenait une hache d'armurerie royale. La hache glissa des mains du garde et s'envola en rasant les moustaches de Potté, avant de renverser un énorme vase. Fiona le réceptionna juste à temps tandis qu'il rebondissait sur la tribune royale, mais le vase rempli d'eau à ras bord lui fit perdre l'équilibre. Elle vacilla à son tour et se heurta à Shrek, dont la collerette lâcha subitement en lui giflant la figure, juste avant que son fermoir de pantalon ne cède ! Le pauvre Shrek se retrouva sur scène, la collerette retroussée jusqu'aux oreilles et le pantalon sur les chevilles !

— Fiona ! cria l'ogre, encore abasourdi.

Désemparé, il s'élança vers la princesse en clopinant.

Mais il se prit les pieds dans son pantalon et s'écroula sur une latte de plancher desserrée de la tribune. L'autre côté de la planche se redressa comme une catapulte et envoya Fiddlesworth valser dans les airs !

— Argh..., gémit nerveusement le valet en atterrissant, agrippé par le col au mât d'une bannière.

Shrek se pencha sur Fiona toujours étendue à terre.

— Rien de cassé ? s'enquit-il.

— Non, soupira-t-elle. Ça va.

Au-dessus d'eux, la veste de Fiddlesworth se déchira dangereusement... et finit par céder. La foule frémit d'horreur en apercevant le pauvre homme dégringoler dans les bras d'un serveur qui transportait une cargaison de brochettes flambées.

Les brochettes filèrent comme des harpons, fendant l'air au ras des oreilles de l'Âne, avant de se planter dans les rideaux qui prirent aussitôt feu !

L'Âne s'empara d'une des brochettes, souffla sur la flamme, et en croqua un bout.

— Hum... des brochettes de langouste ! Mes préférées !

Tandis qu'il mâchait voracement, le feu se répandit. Très vite, les poutres du plafond se mirent à brûler. Un gigantesque étendard prit feu à son tour et se décrocha d'une poutre en retombant sur la tribune. En proie aux flammes, l'estrade en bois se consuma en un rien de temps, expédiant les tables du banquet droit sur Shrek et Fiona !

Tous deux demeurèrent impuissants au

milieu du chaos, essuyant leurs visages dégoulinant de nourriture et de fard, et doutant sérieusement d'être un jour enfin prêts à monter sur le trône.

Chapitre Trois

Ce soir-là, Shrek entra avec fracas dans la chambre à coucher.

— C'en est trop, Fiona ! On part sur-le-champ ! s'écria-t-il, emporté.

— Chéri, s'il te plaît, calme-toi, lui susurra gentiment son épouse.

— Moi, me calmer ? tempêta-t-il. De qui se moque-t-on ? Je suis un ogre, personne n'est dupe ! Je ne suis pas fait pour ça, Fiona, et je ne le serai jamais !

Shrek se débarbouilla le visage avec rage et jeta sa chemise par terre. Il s'écroula sur le lit, exaspéré.

Une tête et une paire de sabots jaillirent de sous les couvertures juste à côté de lui.

— Moi, je trouve que ça s'est plutôt bien passé ! déclara l'Âne.

Shrek écarquilla les yeux de stupeur.

— L'Âne ! hurla-t-il.

Il tira ce dernier hors du lit et le traîna jusqu'à la porte.

— Shrek ! Allez, quoi..., protesta l'animal aux longues oreilles.

— Dehors ! hurla l'ogre vert en virant le satané bourricot.

Puis, il regagna son lit, satisfait, jusqu'à ce qu'il découvre Potté confortablement pelotonné sur son oreiller !

— Certaines personnes dépassent les bornes, soupira le chat, en hochant la tête en direction de l'Âne.

Shrek attrapa le félin par la peau du cou et l'éjecta par la fenêtre, avant de la refermer violemment. De l'autre côté de la vitre, Potté le regarda avec des petits yeux de cocker triste.

Shrek montra un air renfrogné et tira les stores ; enfin seul avec Fiona, il retourna s'allonger dans le lit. La princesse fit son possible pour le calmer.

— Écoute, plus que quelques jours et nous serons de retour dans notre cabane douillette infestée de vermines, parsemée de champignons, envahie de boue croupie nauséabonde et crasseuse...

Shrek prit une profonde inspiration et soupira d'un air béat. Pour la première fois de la journée, il se sentit détendu !

— Bien vu pour le « infestée de vermines »... !

— Et peut-être aussi, ajouta Fiona, hésitante, infestée de petits pieds tambourinant sur le sol ?

Shrek émit un petit gloussement.

— C'est vrai ! Les rats des marais vont faire leurs petits.

— Euh non... je pensais à quelque chose de légèrement plus gros qu'un rat des marais, objecta Fiona, ne sachant pas vraiment comment annoncer les choses à son époux.

— L'Âne ? demanda celui-ci.

— Non, chéri. Euh... supposons, théoriquement...

— Oui... ? susurra-t-il en se rapprochant de la princesse, tout ouïe.

— ... que ce soient des petits pieds d'*ogres* ?

Shrek fit un bond.

Il contempla Fiona, sans voix. Puis il inspira calmement.

— Ah..., répondit-il, timidement. Chérie, *théoriquement*, je ne suis pas prêt pour avoir des gosses.

— Pourquoi ça ?

— Eh bien, euh, parce que les enfants..., bafouilla-t-il. T'as déjà vu un bébé franchement ? Ça ne fait que manger, faire popo et pleurer, et puis pleurer en faisant popo ou bien faire popo en pleurant, et puis...

Fiona le coupa sèchement :

— Shrek, n'as-tu donc jamais songé à fonder une famille ?

Ce dernier enlaça sa douce dans ses gros bras d'ogre et la serra contre lui.

— Pour l'instant, c'est toi ma famille.

Il se pencha vers elle, convoitant le baiser tant attendu durant cette longue journée, quand soudain, un coup vigoureux à la porte tira les deux tourtereaux de leur étreinte.

À peine eurent-ils levé la tête que la porte s'ouvrit en grand. Le page du roi se mit au garde-à-vous sur le seuil.

— Princesse Fiona ! clama-t-il, d'un ton cérémonieux.

Shrek poussa un grognement. Fallait *encore* qu'on les dérange !

— Bon, souffla-t-il, vexé, y'a intérêt à ce que ce soit grave.

Chapitre Quatre

Le page escorta le couple princier à la hâte jusqu'à la chambre du roi, où se trouvait la grenouille, allongée sur une feuille de nénuphar et secouée par la toux.

— Je me meurs, toussota le souverain.

Il inspira profondément et fut pris d'un violent accès de toux.

Shrek regarda Fiona d'un air coupable...

La reine Liliane se tenait au chevet de son mari.

— Harold..., murmura-t-elle d'une voix apaisante.

— N'oubliez point les gages du jardinier, Liliane, lui répondit-il.

— Bien sûr, chéri, acquiesca la reine, en se pliant à ses volontés.

Depuis que la Marraine Bonne Fée l'avait transformé en batracien, elle avait fini par s'habituer à ses divagations.

— Fiona..., crachota le roi, en retenant une autre quinte de toux.

— Oui, papa ?

— Je sais que j'ai commis de nombreuses erreurs à ton égard...

— Ne t'en fais pas, le rassura la princesse d'une voix douce.

— ... mais ton amour pour Shrek m'a beaucoup appris.

Fiona lui sourit.

Le roi Harold se tourna vers Shrek.

— Mon garçon, je suis fier de pouvoir vous appeler « mon fils ».

Shrek sourit à son tour.

— À présent, il vous faut régler une affaaaaire...

Tous contemplèrent le souverain, impuissants, tandis qu'il était saisi d'un nouvel accès de toux.

Fiona et Shrek se penchèrent sur lui. Il ne respirait plus !

Potté ôta son chapeau à plumes d'un geste solennel.

— Le roi Harold est mort, annonça-t-il.

Sa fille fut submergée par les larmes.

Soudain, Sa Majesté crachota dans un dernier souffle et se remit à tousser.

L'Âne donna un coup de coude à Potté.

— Remets ton chapeau, idiot, lui chuchota-t-il.

— Shrek, avancez par-devers moi, je vous en prie, ordonna le roi.

Fiona lança un coup d'œil inquiet à l'ogre.

— Oui, père ? répondit celui-ci en s'avançant.

— Ce royaume a besoin d'un nouveau monarque. Vous et Fiona êtes les prochains prétendants au trône.

— Ah. *Les prochains*, répéta Shrek, anxieux. Vous voyez, père, c'est pour ça qu'on vous aime tant : même sur votre lit de mort, vous faites des plaisanteries !

Le roi le regarda fixement, le visage de marbre.

— Allons, ne me dites pas qu'il n'y a personne d'autre ! s'écria Shrek, en tergiversant. N'importe qui...

— Mis à part vous, il ne reste qu'un seul héritier, répondit enfin le souverain.

Une lueur d'espoir illumina le visage de son interlocuteur.

— Ah oui, vraiment ? C'est qui ?

— Il se prénomme...

Le roi suffoqua.

— ...

Shrek et Fiona se rapprochèrent davantage, brûlant d'entendre le nom. Mais la grenouille cessa de respirer et sa tête retomba en arrière sur sa feuille de nénuphar.

— Papa ! gémit Fiona, éplorée.

Une mouche s'échappa de la bouche royale.

Le chapeau à plumes de Potté s'abaissa une nouvelle fois.

Soudain, la langue de batracien de Son Altesse sortit comme une flèche de sa bouche et rattrapa la mouche au vol.

Potté remit aussitôt son chapeau sur sa tête !

— Il se prénomme Arthur, révéla le roi en mastiquant.

— Arthur ? répéta Shrek.

— J'ai confiance... Vous saurez... faire ce qu'il faaaaaaaaaauut..., s'empressa de cracher le souverain avant de rendre son dernier souffle.

Fiona éclata en sanglots et se jeta dans les bras de son époux. Ce dernier fut incapable de bouger ou de dire quoi que ce soit. Il était sous le choc.

L'Âne courba l'échine.

— Tu peux y aller ce coup-ci, confirma-t-il à Potté en lui donnant un petit coup de coude.

Potté retira son chapeau et, cette fois, le porta sur son cœur. La reine Liliane, Shrek, et Fiona inclinèrent la tête, observant quelques minutes de silence au chevet du défunt Roi-Grenouille.

Les citoyens dévoués de Fort Fort Lointain fermèrent boutiques dans le calme et se préparèrent pour les funérailles du monarque. Leur cher Roi-Grenouille était étendu dans une petite boîte à chaussures. Tandis qu'une chorale de grenouilles entonnait un chant d'adieu à sa mémoire, la reine Liliane posa délicatement la boîte sur une feuille de nénuphar, puis la laissa dériver au loin sur l'étang. Shrek, Fiona et toutes les créatures de contes de fées la regardèrent s'éloigner.

Cependant, à l'insu de tous, contemplant la scène du sommet d'une colline lointaine, se tenait une silhouette à cheval, dissimulée sous une cape. L'individu sourit d'un air suffisant face au spectacle.

— Le royaume de Fort Fort Lointain est en pleine détresse. L'heure est venue pour moi de passer à l'action ! ricana le mystérieux inconnu.

Chapitre Cinq

Bien entendu, le cavalier à l'affût n'était autre que l'infâme Prince Charmant.

Dès la fin des funérailles, il s'élança à cheval en direction de l'*Auberge de la Pomme Empoisonnée*, où il pénétra en se pavanant, avant d'examiner les lieux. Le Capitaine Pirate était occupé à baratiner Rumplestiltskin tandis que Crochet jouait quelques airs au piano, accompagné au chant par une ignoble sorcière. Pendant que Stromboli, le cruel marionnettiste, noyait son chagrin dans la bière, l'énorme Cyclope chevauchait un taureau mécanique médiéval. Dans l'angle de la salle, la Méchante

Reine de *Blanche-Neige* jouait au billard avec une autre des affreuses sorcières de l'assemblée.

Sans quitter la foule de méchants des yeux, Prince Charmant ôta sa cape et l'accrocha à la branche d'un arbre maléfique. L'arbre examina la pèlerine un instant puis la jeta par terre, sur le sol pavé crasseux. Aucun des méchants de contes de fées n'interrompit ses activités et, pourtant, tous épièrent le Prince du coin de l'œil en suivant ses moindres faits et gestes. Que pouvait bien faire ce seigneur maniéré aux cheveux d'or dans un endroit pareil ?

Charmant sortit un mouchoir blanc de sa poche, l'étala délicatement sur un tabouret de bar et s'assit.

Il s'éclaircit la gorge ostensiblement, espérant ainsi attirer l'attention de Doris, une de ses anciennes connaissances.

— Que doit faire un prince ici, pour qu'on lui serve un verre ?

Derrière le comptoir, ce ne fut pas Doris mais Mabel, l'autre affreuse belle-sœur de Cendrillon, qui surgit.

— Où est Doris ? lui demanda Charmant. C'est son soir de repos ?

— Elle n'est plus la bienvenue ici, grommela Mabel d'une voix virile. Et toi non plus d'ailleurs !

Elle cracha dans une chope de bière vide et l'essuya avec son torchon.

— Qu'est-ce que tu veux, Charmant ?

— Oh, pas grand-chose. Juste une occasion de me racheter...

Il éclata de rire à ses propres propos.

— ... et un Schnaps à la pêche aussi !

Il se leva de son tabouret et s'adressa à la foule :

— Tournée de Schnaps pour mes amis !

Les méchants se figèrent sur place et le regardèrent d'un œil soupçonneux. Le Capitaine fit crisser son crochet sur les touches du piano.

— Nous ne sommes *pas* vos amis, grogna-t-il.

Prince Charmant babilla nerveusement.

Soudain, Mabel l'agrippa par les épaules et le plaqua dos au comptoir.

— Argh ! s'écria-t-il, le souffle coupé.

Le Capitaine glissa son crochet sous la gorge du visiteur.

— Tu n'es pas le bienvenu ici, lui cracha-t-il d'un ton menaçant.

— C'est vrai... vous avez parfaitement raison, bafouilla le Prince. Mais, entre nous, qui l'est vraiment ?

— Arrange-lui le portrait ! hurla le Cyclope.

— Non, non, attendez ! s'exclama Charmant, qui réfléchit à toute allure. Vous et moi, on se ressemble plus que vous ne croyez !

— Arrête, tu vas me faire pleurer ! le railla la Méchante Reine.

Il vit là une occasion de se mettre les méchants dans la poche ; il se tourna vers elle.

— Les Sept Nains ont sauvé Blanche-Neige, n'est-ce pas ? Et après... ? l'interrogea Charmant.

— De quoi parlez-vous ? rétorqua la méchante, sensiblement touchée.

— ... ils vous ont laissé le mauvais rôle de la *cruelle* reine ! Et aujourd'hui, vous êtes là, à miser sur des parties de billard pour pouvoir manger. Ça ne vous révolte pas ? insista-t-il, usant de tout son charme.

— Si, c'est injuste, soupira rageusement son interlocutrice.

— Et toi, continua Charmant, en se tournant vers Stromboli. Ta marionnette vedette a lâchement abandonné ton spectacle pour retrouver son vrai père !

— Je déteste ce maudit pantin de bois, pleurnicha le marionnettiste.

— Quant à vous, Crochet...

L'orateur s'interrompit et baissa les yeux d'un air faussement ému vers le crochet d'acier maintenu sous sa gorge.

— ... dois-je poursuivre davantage ?

Crochet recula, visiblement gêné.

— Et toi, Frumpypigskin...

— Rumplestiltskin, rectifia le lutin malicieux avec humeur.

— ... où est donc passé ce nouveau-né qu'on t'avait promis ?

À mesure que les méchants répondaient à ses questions, Charmant prenait de plus en plus d'assurance. Il regarda Mabel droit dans les yeux.

— Te souviens-tu du jour où tu as désespérément tenté d'enfoncer ton petit pied boudiné dans cette minuscule pantoufle de verre ?

L'affreuse belle-sœur acquiesça d'un signe de tête.

— Eh bien... Cendrillon habite désormais à Fort Fort Lointain, où elle déguste de délicieux bonbons et fait des cabrioles avec tous ses amis, les gentilles créatures enchantées que tu as toujours *détestées* !

Charmant se tut un instant, savourant son petit effet, avant de conclure :

— Il était une fois un mec qui a décidé que c'était *nous* les vaincus ! Il y a toujours deux versions dans une histoire, notre version à nous n'a jamais été racontée !

À présent, tous les méchants l'écoutaient avec la plus grande attention.

— Alors, qui est avec moi ? lança ce dernier à la foule d'une voix exaltée. Qui a envie de l'emporter pour une fois ? Qui veut son « *heureux pour toujours* » ?

L'assistance poussa des hurlements d'acclamations en commençant à chahuter. Avant même qu'il n'ait le temps de dire ouf, Prince Charmant se retrouva au beau milieu d'une énorme bagarre de saloon. Il plongea à terre pour esquiver une bouteille qui passa à deux centimètres de sa tête, puis resta au sol en sirotant son Schnaps à la pêche, réfléchissant à un moyen d'apprivoiser cette bande de méchants, maintenant qu'il avait réussi à les embobiner.

Chapitre Six

Sur le port de Fort Fort Lointain, l'heure était venue pour Shrek, l'Âne et Potté de faire leurs adieux éplorés à leurs chères et tendres et de se mettre en route à la recherche du fameux Arthur.

Potté enlaça sa dernière conquête.

— Mon destin ne m'appartient plus, *señorita* ! Les vents du destins ont soufflé sur mon étoile ! Mais sache que je ne t'oublierai jamais. Tu es l'amour de ma vie.

À ces mots, une ancienne petite amie du matou s'approcha d'eux. Il lui lança un petit coup d'œil rêveur.

— Toi non plus, je ne t'oublierai pas...

Puis d'autres jolies minettes arrivèrent.

— Toi non plus... et toi non plus... et toi pareil ! leur lança Potté avec fougue.

Parmi elles, il repéra une chatte qu'il n'avait jamais vue par le passé.

— Je ne crois pas avoir eu le plaisir de vous rencontrer, jeune fille, mais il faudra remédier à cela ! Pour l'heure, je dois filer !

Tandis qu'il s'éloignait, Potté entendit le feulement des petites tigresses en train de se chamailler dans son dos. Il passa comme une flèche à côté de Dragonne, qui tentait de retenir ses larmes en disant au revoir à son Âne adoré.

Elle poussa un petit gémissement de dragon.

— Je sais, je sais..., dit l'Âne d'une voix de crooner. Moi non plus, je ne veux pas te quitter bébé ! Mais tu connais Shrek. Il est tout seul dans sa tête, sans moi, le grand !

Dragonne acquiesça en lui esquissant un tendre sourire.

— Ne t'inquiète pas. Je t'enverrai des bisous en copié-collé tous les jours, lui promit-il.

Retenant ses larmes, il baissa les yeux vers sa progéniture.

— Allez, mes dranons préférés, soyez de bons petits gars ! Et soyez forts ! les cajola-t-il. Chocho et Flammette obéissez bien à maman, d'accord ? Et toi, Brulotin, pas de Chamallows grillés sur la tête de ta sœur.

— Aaaat-choo ! répondit ce dernier en éternuant des flammes.

— Ah..., s'écria son père, surpris. Ça, c'est mon fiston à moi ! Allez, venez par là, mes chéris. Venez tous faire un câlin dans les bras de papa !

Fiona était en train de câliner un des dranons. Elle le laissa filer pour qu'il rejoigne ses frères et sœurs, et les observa avec tendresse tandis que tous les petits sautaient et s'empressaient autour de leur papa âne.

— Bon, c'est l'heure, déclara Shrek en s'approchant de sa douce.

Fiona prit une profonde inspiration pour se préparer aux adieux.

— Shrek, il faut que je te dise quelque chose.

— Je m'en doutais, affirma-t-il. Ta mère aurait souhaité que nous restions.

Mais voyons, Fiona, toi et moi savons très bien que je ne ferais pas un bon roi !

— Non, ce n'est pas ça... C'est juste que, tu comprends..., hésita la princesse, j'aurais préféré que tu ne partes pas maintenant parce que...

— Je sais, moi non plus, l'interrompit à nouveau Shrek. Mais ne t'en fais pas, nous ramènerons vite cet Arthur.

Fiona ne sembla pas convaincue.

— Et si jamais ce type fait des siennes, j'aurais toujours de quoi le faire changer d'avis, ajouta-t-il en brandissant ses deux poings.

Son époux voulut la réconforter de son mieux.

— Tu verras, bientôt nous serons enfin réunis, juste toi et moi.

— On ne sera plus juste tous les deux, Shrek...

La sirène du navire retentit.

— Tout le monde à bord ! annonça le capitaine de sa grosse voix.

— Allez, tout ira bien. Je te le promets, conclut l'ogre vert d'un air distrait. Fais-moi confiance ; je t'aime, Fiona.

La princesse était tiraillée. Elle aurait tant voulu annoncer à son mari la grande nouvelle ! Mais ce départ était si précipité... L'ogre l'embrassa tendrement et, avant que Fiona n'ait le temps d'ajouter quoi que ce soit, son valeureux Shrek était déjà à bord du navire aux côtés de l'Âne et de Potté. Postés sur le pont, les trois amis firent au revoir à leurs femmes depuis la rambarde. Au-dessus d'eux, une fumée de lettres se dessina dans le ciel : « *On t'aime, papa* », soufflaient les dranons.

— Ohhhh ! s'écrièrent, attendries, toutes les petites créatures enchantées venues faire leurs adieux à Shrek et ses amis.

L'Âne essuya ses larmes.

— Au revoir, mes petits chéris !

— Shrek, s'exclama la princesse, en courant le long du ponton tandis que le navire commençait à prendre le large.

Il fallait absolument qu'elle lui dise !

— Quoi ? lui répondit l'ogre en criant.

— Attends ! l'implora Fiona, en désespoir de cause.

— Que se passe-t-il ?...

Elle sourit, inspira profondément, et prit son courage à deux mains :

— Je...

Le capitaine donna un nouveau coup de sirène, étouffant la voix de Fiona.

Shrek, qui n'avait rien entendu, lui sourit en retour.

— Moi aussi, je t'aime, ma chérie !

— Non, non ! Je disais : je suis...

La sirène retentit une fois de plus.

Agacé, Shrek arracha le haut-parleur et le balança par-dessus bord.

— Tu disais ?...

— Je suis enceinte ! lui hurla Fiona.

Toutes les créatures de contes de fées poussèrent des cris de joie ; Shrek, lui, se frotta la nuque, incrédule.

— Tu... Tu quoi... ? demanda-t-il encore à son épouse.

— Tu vas être papa ! lui répondit cette dernière, le visage radieux.

L'ogre demeura figé, sans voix, puis se mit à rire nerveusement.

— C'est super ! lança-t-il, gauchement.

— Je sais ! s'écria Fiona. Je t'aime !

Shrek esquissa un petit sourire gêné.

— Oui, hum... moi aussi. Mais je...

La reine Liliane prit sa fille dans ses bras, et toutes deux agitèrent la main en direction du navire en guise d'ultime adieu, jusqu'à ce qu'il disparaisse dans la brume.

Fou de joie à cette nouvelle, l'Âne bondit sur la balustrade en poussant des hourras.

— *Je-vais-être-tonton ! Je-vais-être-tonton !*

Potté, lui, hocha simplement la tête vers Shrek d'un air entendu.

— Et toi, mon ami, dans le genre royal... tu es dans de beaux draps !

Chapitre Sept

Cette nuit-là, tandis que les vagues berçaient lentement le navire, Shrek s'endormit sur sa couchette. Très vite, il plongea au pays des songes, où le bateau tentait de franchir une large rivière. Il avait déjà vu ça quelque part !

— Ah, enfin chez soi, soupira l'ogre vert dans son sommeil tandis que le navire accostait sur un rivage de sable fin. Il se sourit à lui-même et essuya une larme de joie.

D'un bond, il sauta du bateau et contempla le paysage. À quelques mètres devant lui se trouvait sa chère cabane au milieu du Marais.

— Heee-haaa ! s'exclama-t-il, tout joyeux.

Il huma l'air putride à pleins poumons et expira, au comble du bonheur.

— Shrek ? entendit-il Fiona l'appeler.

Il s'élança en direction de sa maison, sautillant et rigolant bêtement, excité comme un gosse.

Il franchit le seuil de la maisonnée d'un pas désinvolte, puis ferma les yeux en ouvrant grand les bras dans l'attente d'un câlin de sa bien-aimée.

Mais rien. Pas de câlin.

— Fiona ?...

Silence dans la pièce. Shrek regarda autour de lui, perplexe. Soudain, il entendit la porte se refermer derrière lui. Il se retourna et aperçut, dans un angle, un mystérieux landau recouvert d'une couverture. Il souleva un coin de l'étoffe pour jeter un coup d'œil à l'intérieur de la poussette, et là, sous ses yeux, il découvrit l'adorable sourire d'un bébé ogre !

— Hein ?... Oh non ! râla-il en comprenant soudain.

Le bambin fit un rot.

Shrek sourit à son tour, amusé.

— Comme je dis toujours : vaut mieux que ça sorte par là !

— Hips ! hoqueta soudain le bébé.

Une seconde plus tard, il vomissait toutes ses tripes sur son père ! Ce dernier s'empressa de braquer ses mains devant lui pour parer au déluge, mais rien à faire ! En un rien de temps, lui et l'enfant furent recouverts de vomi. Le petit ogre parut alors sur le point de se mettre à pleurer.

— Ah, non, non, non ! Tout va bien ! gazouilla Shrek, tentant d'avance de le calmer.

Il prit maladroitement le bébé dans ses bras et s'efforça tant bien que mal de lui faire un gentil sourire paternel.

— Pa-paaa ! s'exclama le nourrisson.

Soudain, la cabane du Marais fut envahie de bébés ogres ! Tous les petits monstres se mirent à faire des culbutes à travers le salon, arrachant les tissus des fauteuils, renversant des bocaux en verre des étagères, et faisant tomber par terre les plats et les couverts disposés sur la table. Les couteaux se plantèrent les uns après les autres dans le plancher, et les jeunes garnements commencèrent à slalomer entre eux !

— Hé... ! s'écria Shrek, pris de panique. Oh, stop ! Arrêtez !...

Un des bambins gratta une allumette ; Shrek le souleva dans ses bras et souffla sur la flamme. Il dut ensuite en secourir un autre, qui était coincé dans le gros chaudron en fer de la cheminée. Un par un, il ramassa les fugueurs pour les replacer dans le couffin.

Soudain, il perçut un terrible grondement, lorsqu'une flopée de bébés ogres se mit à dévaler la cheminée ! Il y en avait des dizaines ! Et même d'autres qui cassaient les vitres et dégringolaient par les fenêtres !

Shrek abandonna le landau et s'élança vers la porte de sortie. Mais plus il courait, plus la porte de la cabane s'éloignait !

Finalement, à bout de souffle et épuisé, il atteignit la porte. Des centaines de chérubins verts gazouillaient et trottinaient à quatre pattes dans sa direction en faisant des rots. Il se jeta sur la porte et la referma le plus vite possible derrière lui. Puis il s'y adossa un instant, ferma les yeux, et poussa un long soupir de soulagement. Cependant, lorsque ses paupières se soulevèrent à nouveau, Shrek se retrouva au beau milieu de la tribune de son ancien lycée. Sur une large bannière au fond de l'amphithéâtre, on pouvait lire : « *Félicitations aux bacheliers de l'an 976* ». Des centaines de bébés ogres étaient assis dans la salle. Tous se tordaient de rire en pointant Shrek du doigt. L'ogre baissa son regard et réalisa qu'il était tout nu sur scène !

— Ahhhh ! hurla-t-il, au moment où la sirène du navire retentissait. Il ouvrit brusquement les yeux et se redressa d'un bond dans sa couchette.

— L'Âne, réveille-toi !

L'Âne et Potté se tournèrent lentement vers lui. Mais tous deux avaient en réalité une tête de bébé ogre !

Les prunelles de l'Âne luisaient d'une sombre lumière rouge et il esquissa un sourire, découvrant ses petites dents pointues.

— Pa-paaa !

— Ahhhhhhhhhhhhhhhh ! sursauta Shrek, horrifié.

L'Âne et Potté se réveillèrent brusquement et dévisagèrent fixement leur compagnon, totalement effrayés.

— Shrek ! Shrek, ça va ? lui cria l'Âne.

— Oh..., gémit l'ogre. Je n'arrive pas à croire que je vais être père.

Ses deux amis échangèrent un coup d'œil inquiet.

Shrek partit s'accouder à la balustrade du navire pour tenter de recouvrer ses esprits.

— Comment ça a pu se produire... ? soupira-t-il, d'une voix geignarde.

— Permets-moi de t'expliquer, lui suggéra Potté. Vois-tu, quand un homme a des sentiments pour une femme, un puissant désir s'empare de lui et alors...

— Je *sais* comment ça marche, merci ! grogna Shrek, en se redressant. Simplement, je n'arrive pas à le croire.

Il s'accouda de nouveau à la balustrade et contempla les flots d'un air désespéré.

Potté bondit à ses côtés sur la rambarde pour lui chuchoter à l'oreille :

— Patron, tu sais que j'adore Fiona, n'est-ce pas ? Mais regarde un peu : on est là, toi et moi, sur le voilier de mon cousin, avec une cruche bien fraîche de *mojitos* et deux semaines tranquilles devant nous, à rien faire d'autre que de pêcher du poisson !

Histoire de se mettre bien avec Shrek, l'Âne s'approcha à son tour pour lui chuchoter aussi quelque chose dans son autre oreille :

— Ne l'écoute pas, mec. Crois-moi, tu vas adorer avoir des gosses. C'est comme si tu revivais toute ton enfance !

Shrek le fixa un instant dans les yeux, manifestement épouvanté.

— O.K., d'accord, j'ai compris. Tu n'as pas eu une enfance heureuse, poursuivit l'Âne. Mais ça ne signifie pas qu'avoir des enfants, ça va te gâcher l'existence !

— Ce n'est pas pour moi que je suis inquiet. C'est pour les petits ! lui expliqua Shrek.

Les oreilles de l'ogre s'affaissèrent, et ce dernier baissa tristement la tête.

— Je suis foutu, soupira-t-il.

— Mais non, tout va bien se passer, le rassura l'Âne.

— Ça y est ! dit soudain le capitaine du navire.

Les trois compères se tournèrent vers lui, en fronçant les sourcils.

Le capitaine s'éclaircit la voix, confus.

— Ça y est... on est arrivés, reprit-il.

L'homme indiqua du doigt le rivage. Au loin, en haut d'une immense falaise, se dressait un majestueux château.

— Whoua ! s'exclama l'Âne. Ça doit être un sacré bonhomme, cet Arthur. Visez un peu ce château !

Potté sauta sur les épaules de Shrek.

— O.K. ! On va chercher le cousin de Fiona et après, finis les soucis, patron ! Enfin... sauf pour l'histoire des bébés.

Chapitre Huit

Shrek et ses deux acolytes contemplèrent le château depuis les douves. L'Âne plissa les paupières pour déchiffrer l'enseigne en surplomb.

— *Wor-chés-teur-chir*..., prononça-t-il avec peine.

— Ça se dit *Worsh-teuh-cheur,* le corriga Shrek.

— *Worcestershire*... comme la sauce ? Miam ! s'écria l'Âne, en se léchant les babines.

Lentement, le pont-levis du château s'abaissa en grinçant.

— Tiens, on dirait qu'on est attendus ! s'exclama-t-il, en ouvrant la marche.

À peine eurent-ils fait quelques pas sur le pont que nos visiteurs entendirent un hennissement strident derrière eux. Ils firent volte-face et aperçurent un cheval tirant un bus scolaire plein d'élèves, lancé au galop et fonçant droit sur eux ! Les trois amis plongèrent précipitamment sur le bas-côté pour laisser le véhicule passer.

Les enfants hurlèrent d'effroi à la vue de l'ogre.

L'Âne, lui, resta perplexe.

— Qu'est-ce que c'est que ce foutu chiche-teu-sheur d'endroit ?

Shrek eut un soubresaut.

— Estomac noué, paume des mains moite... Pas de doute, on est dans un lycée, diagnostiqua-t-il en se tenant le ventre.

— Un lycée ! hurla l'Âne, paniqué.

Pénétrant dans la cour intérieure, ils remarquèrent un groupe de *pom-pom girls* médiévales répétant leur dernière chorégraphie.

— Prêtes ? cria leur chef. Alors c'est parti ! *Et un, et deux, et trois – zéro !*

Oui, certes, on le sait !
Et vous, croyez-vous savoir

Qui vaincra en fanfare ?
Ah que nenni, que nenni
On est les marmitonnes
On fait chauffer la gomme
On est les zéphyrs de Worcesteshire
Et on va vous ébahir !

Shrek roula des yeux, consterné, et passa son chemin.

— Ahhh !

Un enfant effrayé partit en courant en direction du parking, où étaient garés des carrosses de toutes les formes et de toutes les tailles.

Un cheval et son attelage passèrent devant Shrek ; sur le panneau accroché à l'arrière du véhicule, l'ogre put lire : « *Attention – Apprenti conducteur* ».

Shrek, Potté et l'Âne entendirent au loin les conseils de l'instructeur anxieux à son jeune apprenti :

— Euh... monsieur Perceval, allez-y doucement sur les rênes.

Les trois compères eurent un mouvement de recul en voyant le cheval bondir brusquement et projeter le carrosse en travers d'un arbre.

Contemplant la scène sans un mot, les voyageurs plongèrent peu à peu dans leurs souvenirs de lycéens.

— Je me sens déjà mal rien qu'en repensant aux mauvais farceurs qui me tiraient la culotte jusqu'aux oreilles ! gémit l'Âne.

Potté le dévisagea, le sourcil levé en point d'interrogation.

— Explique-moi comment on a pu te tirer la culotte, alors que tu n'es clairement pas du genre à porter des sous-vêtements ?

— Disons juste qu'il y a des choses dans la vie qu'il vaut mieux passer sous silence. Restons-en là, *por favor*, rétorqua l'Âne, contrarié.

Quelques mètres plus loin, ils tendirent l'oreille pour écouter deux jeunes filles blotties sous une voûte médiévale, occupées à se confier leurs histoires de cœur.

— ... et alors là, je lui ai répondu « *J'aime mieux attraper la peste noire et me faire écarteler dans tous les sens que de sortir avec toi !* » raconta l'une d'elles.

— T'as bien fait, approuva l'autre.

— Euh, excusez-moi, les interrompit Shrek, en s'approchant des demoiselles.

— Beurrrk ! grimaça la première, en apercevant l'ogre.

— Tu l'as dit : carrément répugnant, renchérit la seconde, en s'éclipsant avec son amie.

Dans un autre angle de la cour de récré, deux boutonneux à lunettes étaient en train de jouer à « Donjons et Dragons ».

— *Yessss* ! s'écria l'un des deux. Mon personnage vient de gagner trois super-pouvoirs de plus !

Shrek s'approcha d'eux.

— Salut, les p'tits gars. On est à la recherche d'un dénommé...

— Ça alors... ! le coupa un des binoclards, en se tournant vers l'autre, c'est toi qui as jeté les dés pour lancer un sort et convoquer la bête et ses deux quadrupèdes ?

Shrek roula des yeux, d'un air accablé.

— Bon, est-ce que, oui ou non, l'un de vous peut me dire où se trouve Arthur ? leur demanda-t-il en trépignant.

— Il est là-bas, répondit le premier, en indiquant du doigt la piste d'athlétisme.

Shrek distingua un vaillant chevalier dans une armure rutilante, à califourchon sur son blanc destrier. Le cheval se cabra, piaffant, prêt à charger. Les trois amis s'élancèrent promptement jusqu'à la piste, juste à temps pour assister à la joute. La monture du cavalier frappa le sol du sabot. Ses naseaux se dilatèrent... Le chevalier s'immobilisa sans quitter son adversaire du regard et donna l'assaut !

Le second chevalier écarquilla les yeux de frayeur tandis que son intrépide rival arrivait au galop. *Vlan !* La lance le heurta et l'expédia dans les airs au-dessus de Shrek.

L'ogre vert admira le triomphant vainqueur, tandis qu'il ôtait son heaume pour exhiber son beau visage et un large sourire de satisfaction.

— Point n'est goût plus doux que la victoire ! s'exclama ce dernier.

— Bien dit ! l'acclamèrent les autres athlètes présents dans les gradins.

Shrek était impressionné. Il se tourna vers Potté.

— Alors, il n'a pas l'air d'un futur roi, notre Arthur ? jubila-t-il.

Puis, il sourit et s'avança vers le chevalier victorieux.

— Hé ! l'interpella une petite voix à ses pieds.

Shrek baissa les yeux et réalisa qu'il venait de marcher sur la poitrine de l'autre cavalier au sol.

— Oups ! Pardon, s'excusa-t-il.

Le chevalier vaincu ne bougea pas d'un pouce. Il resta simplement par terre, étalé de tout son long, exactement là où il avait atterri.

— Vous venez bien de dire que vous cherchiez Arthur ? demanda-t-il à Shrek.

— Cette information ne sera divulguée qu'aux personnes strictement concernées, intervint Potté.

— Pourquoi ? Il a des ennuis ? insista le perdant de la joute.

— C'est top secret. Motus et camembert, ajouta l'Âne.

— Oui, bien sûr, pas de problème, acquiesça le garçon. Mais juste pour info, il préfère qu'on l'appelle par son surnom... « le Trouillard ».

Shrek fit une moue, sceptique.

— Le *Trouillard*... ? répéta l'Âne, ahuri.

— Le Trouillard, confirma l'adolescent.

Shrek remua les oreilles, s'interrogeant sur la raison d'un tel sobriquet.

— À présent, tous à la douche ! cria le chevalier victorieux.

— Ouais ! Bien dit ! lui répondirent les autres athlètes à l'unisson.

Mais à la vue de l'énorme ogre vert, le cheval du champion se cabra de frayeur, et son cavalier dégringola par terre.

Shrek se dressa au-dessus de lui.

— Salutations, Votre Majesté ! C'est votre jour de chance. Votre royaume vous attend.

— Quelle espèce de... de créature êtes-vous censé représenter ? bredouilla le jeune homme en armure, encore tout étourdi, en levant les yeux vers le responsable de sa chute. Une sorte de gnome mutant géant, quelque chose de ce genre ?

— Oui, c'est ça, lui rétorqua Shrek, d'un ton ironique : « Je suis un gnome mutant géant ».

À ces mots, il souleva le chevalier dans les airs, le cala sur son épaule la tête en bas, et l'embarqua avec lui.

— Lâche-moi, le monstre ! cria le héros du jour.

— Du calme, le *Trouillard*, le taquina Shrek.

— Comment m'as-tu appelé ? s'énerva l'autre, manifestement vexé.

— Le Trouillard, lui répéta l'Âne.

— Le Trouillard, confirma Potté.

— Arrêtez de m'appeler comme ça ! hurla le chevalier indigné.

Shrek trimballa le réfractaire jusqu'au portail du lycée.

— Si tu veux, consentit ce dernier. Mais toujours est-il qu'on est en retard pour ton couronnement, Arthur.

— Je ne suis *pas* Arthur ! protesta l'adolescent.

Shrek s'arrêta net, tendit son fardeau à bout de bras dans les airs, et l'examina dans le blanc des yeux.

— Mon nom est Lancelot ! clama fièrement le chevalier.

Shrek jeta un coup d'œil par-dessus son épaule, juste à temps pour entrevoir l'adversaire vaincu de Lancelot s'enfuir en courant !

— Hééé !

Arthur adressa un regard furtif à Shrek, tourna les talons, et poursuivit sa course.

L'ogre relâcha Lancelot et s'élança, furibond, aux trousses du véritable Arthur ; l'Âne et Potté lui emboîtèrent le pas au trot pour le rattraper.

Une des *pom-pom girls* fit un signe de la main au monstre verdâtre pour attirer son attention.

— Euh, en fait, voilà... c'est assez embarrassant mais, en réalité, ma copine Tiffany a peur que vous ne la repoussiez...

Shrek ne comprenait absolument rien à ce que lui racontait la jeune fille.

— ... or, elle se disait que, peut-être, à tout hasard, vous voudriez bien l'accompagner au bal de la rentrée...

— Pardon ? la coupa l'ogre d'un ton abrupt.

— C'est que..., poursuivit la demoiselle, elle est totalement fan des créatures mythiques et tous ces trucs.

Tandis qu'elle attendait une réponse en faisant des bulles avec son chewing-gum, Shrek, Potté et l'Âne foncèrent à l'intérieur du bâtiment pour inspecter les classes à la recherche de l'insaisissable Arthur.

Chapitre Neuf

— Allez, Arthur ! Montre-toi ; on sait que t'es là..., cria Shrek.

Les élèves étaient tous bien trop effrayés par l'ogre pour lui casser les pieds, mais le pauvre Âne, lui, se retrouva très vite enfermé dans un casier. Une bande d'adolescents pouffa de rire en le pointant du doigt tandis qu'il se débattait comme un beau diable pour essayer de se libérer.

L'animal leur lança un regard furieux et menaçant.

— C'est ça ! Filez ! Saligooligans ! Parce que l'époque du Gentil Petit Âne Bâté, c'est *terminé* !

Mais les chenapans avaient déjà collé un papier griffonné des mots « *Âne Bâté* » dans son dos.

Ils décampèrent, morts de rire comme jamais.

Soudain, Potté héla Shrek :

— Regardez ça, patron... Arturo !

Le jeune chevalier filait en flèche vers le gymnase, où tous le corps étudiant était rassemblé pour une grande compétition.

Le principal Pynchley, posté sur un podium au centre du terrain, porta un mégaphone devant sa bouche. Une foule d'élèves continuait de remplir les gradins de part et d'autre du gymnase. Pynchley était précisément en train de remercier le professeur Collet-Monté pour sa passionnante conférence sur « L'Art de Dire Que Nenni », lorsque deux adolescents se hissèrent à ses côtés – l'un déguisé en dragon, l'autre en griffon.

Pynchley les accueillit.

— À présent, sans plus de cérémonie, cria-t-il dans le mégaphone, je vous demande de faire un triomphe digne de Worcestershire au gagnant de notre grand « Concours de la Nouvelle Mascotte »...

Soudain, les portes battantes du gymnase s'ouvrirent et tout le monde se retourna, découvrant le corps massif et terrifiant de Shrek dans leur encadrement.

— ... Un ogre ?! balbutia Pynchley.

L'orchestre commença à jouer et les étudiants se mirent à applaudir.

L'élève déguisé en griffon retira son masque et le jeta par terre d'un geste colérique.

— C'était censé être moi le gagnant ! fulmina-t-il.

Il donna un coup de pied dans le masque et partit en boudant.

Shrek passa les gradins en revue pour repérer Tutur.

— Tout cela est en effet peu orthodoxe, intervint le principal, sur le point de déclarer l'intrus comme étant la nouvelle mascotte de l'école.

Shrek arracha le mégaphone des mains de Pynchley.

— Merci bien. Et maintenant, place au grand match contre le gros ogre !

La foule se tut.

— Allez, Arthur ! Je sais que tu es là ! hurla-t-il.

Tous les élèves furent pris d'une subite crise de rire. Shrek, Potté et l'Âne se retournèrent lentement et aperçurent Tutur suspendu au panier de basket par la culotte !

— Salut, petit ! Tu te souviens de moi ? Ça t'ennuierait de descendre ? Parce qu'il faut qu'on se mette en route. Tu es le nouveau roi de Fort Fort Lointain !

La foule se figea, stupéfaite. Puis, les uns après les autres, tous les élèves se mirent à glousser.

— Tutur ? le roi du royaume ? se moqua Lancelot. Dites plutôt *le roi des minables* !

À présent, le gymnase tout entier éclata de rire.

C'était si humiliant ! Tutur ne pouvait rien faire d'autre que de rester suspendu dans les airs à fulminer en silence.

— On ne touche pas à un membre de la famille royale ! grogna Shrek pour faire taire l'assemblée.

— Moi je n'ai rien fait ! cafta Lancelot. Eux, si !

Le chevalier pointa du doigt un groupe de jeunes trublions qui se tenait dans un coin, plié de rire.

Potté bondit pour détacher Tutur du panier d'un coup d'épée, et le garçon tomba pile dans les bras de Shrek.

— Alors c'est vraiment vrai... ? demanda le jeune héritier, incrédule, aux trois compères.

— Ouaip ! Et il est temps d'aller se mettre en tenue pour ton sacre, lui répondit l'ogre.

Tandis qu'ils cheminaient vers la sortie, l'orchestre de l'école entonna un hymne connu pour saluer le départ du futur souverain.

Le visage de Tutur s'illumina brusquement.

— Donnez-moi juste une minute ! dit-il à ses trois sauveurs.

L'adolescent se tourna face à la foule et s'éclaircit la voix.

— Alors ! C'est qui le *roi* à présent ? Bye-bye, Lancelot ! S'il y a une justice sur Terre, la prochaine fois que je te vois, je te nommerai gardien des Écuries royales !

Le chevalier Lancelot lui lança un regard noir.

— Quant à vous là-bas, ajouta Tutur en s'adressant aux imbéciles qui l'avaient suspendu par la culotte, attendez-vous à une petite visite de mon armée ! Et... Gwen', faut que je te dise... je t'ai toujours aimée.

En entendant cette déclaration, Guenièvre et ses amies se dévisagèrent, totalement abasourdies.

— Bien ! Mes enfants, ça me brise le cœur, mais je dois vous quitter. Amusez-vous bien en prison pendant que, moi, je règne sur le monde libre !

— Bon, ça va, n'en rajoute pas, l'interrompit Shrek en râlant.

— Mais je suis en train de bâtir mon empire ! lui répondit le petit Tutur, surexcité.

L'ogre l'attrapa par le bras pour le faire sortir du gymnase.

Chapitre Dix

Pendant que Shrek était parti à la recherche d'Arthur, la reine Liliane et les princesses de Fort Fort Lointain organisèrent une fête en l'honneur de Fiona, la future maman. Le jour venu, tous se rassemblèrent dans la bibliothèque du château. Les princesses s'extasièrent, admiratives, en voyant Fiona arriver dans sa toute nouvelle robe de grossesse très tendance. Deux adorables moineaux ramassèrent une couronne de fleurs dans leur bec avant de la déposer sur la tête de la jeune femme.

— Regardez-moi ça ! s'écria Blanche-Neige.

— Wouah ! applaudit Rapunzel.

— Tu es adorable ! s'extasia Blanche-Neige.

La Belle au bois dormant se réveilla pour l'occasion.

— L'accouchement doit être pour bientôt, j'imagine... tu es absolument énorme ! lança-t-elle sans scrupule à Fiona.

— C'est l'heure des cadeaux ! chantonna Blanche-Neige, pour rompre le silence embarrassant.

Les oiseaux et les petites créatures de la forêt affluèrent, gazouillant et pépiant autour d'elle.

Cendrillon lui indiqua du doigt l'énorme pile de cadeaux qui l'attendait.

— S'il te plaît, Fiona, tu veux bien ouvrir le mien en premier ? C'est celui juste devant.

La jeune maman lut la carte de Cendrillon à haute voix :

— « *Félicitations pour ton futur mouflet. J'espère que ça te servira.* »

Fiona marqua une pause et eut un petit rire gêné.

Elle ouvrit donc le paquet-cadeau et en sortit un sachet plastique et une pelle.

Les princesses poussèrent des *Ah !* et des *Oh !* toutes en chœur en découvrant le présent.

— Comme c'est charmant, maugréa Doris.

La Belle au bois dormant écarquilla un œil.

— Qu'est-ce que c'est ?

— Je suis ravie que ça vous plaise. En fait, c'est pour ramasser la grosse commission ! gloussa niaisement Cendrillon.

— Fiona ! Fiona ! s'écrièrent les autres créatures de contes de fées pour essayer d'attirer son attention.

— Nous aussi on a un cadeau ! On s'est tous cotisés ! s'exclama un des Trois Petits Cochons.

Pinocchio fit une pirouette sur lui-même et exhiba un superbe porte-bébé.

— Ta-daa !

Confortablement blotti à l'intérieur, le Nain D'épices jaillit comme un diable de sa boîte.

— Tu sais, Fiona, le bébé va adorer !

— Oh, merci, les amis, c'est tellement gentil ! leur répondit la princesse.

Merci du fond du cœur.

Elle passa au paquet suivant.

— De qui est celui-ci ? demanda-t-elle.

— De moi ! s'empressa de répondre

Blanche-Neige. C'est le plus gros parce que c'est moi qui t'aime le plus !

Les autres princesses la fusillèrent du regard.

Fiona ouvrit la boîte. À l'intérieur se trouvait un nain coiffé d'un petit chapeau vert.

La future maman n'en croyait pas ses yeux.

— Euh... *ça* sert à quoi ?

— C'est un baby-sitter perso ! lui expliqua tout de suite Blanche-Neige.

Le nain s'étira pour se dégourdir les bras.

— Bien. Où est le bébé ?

— C'est très gentil, Blanche... mais je ne peux pas accepter.

— Mais si, voyons ! rétorqua cette dernière. J'en ai six autres à la maison !

— À quoi ils te servent ? s'enquit alors Fiona, hésitante.

— Ils font le ménage, pardi ! s'exclama Cendrillon.

— Et la popote ! renchérit Blanche-Neige.

— Sans compter le rot, ajouta le nain.

— Mais... mais alors qu'est-ce qu'on est censés faire, Shrek et moi ?

— Eh bien, comme ça, lui confia Rapunzel,

maintenant tu auras tout le temps de te consacrer à ton mariage.

Fiona mit les mains sur ses hanches, légèrement irritée.

— Ce qui signifie ?...

— Allons, ma chère, répliqua Rapunzel d'une voix mielleuse. Tu sais bien comment ça se passe.

— Hein, quoi ? marmonna la Belle au bois dormant, tirée de son somme. Qui est fatiguée... ?

— Tu vas commencer à te laisser aller, poursuivit Blanche-Neige.

— Et à avoir des vergetures ! glapit le Nain D'épices.

— Et ne compte pas sur Shrek pour te donner un coup de main, ajouta Rapunzel. Il sera tout le temps en virée avec ses copains le soir. Tu peux dire adieu à ton histoire d'amour !

Dragonne passa la tête par la fenêtre.

— Yak ! souffla-t-elle.

— Dis-nous, Dragonne : combien d'enfants as-tu ? l'interrogea Fiona.

En dehors de Dragonne, aucune des princesses n'était mère ! Ces dernières bougonnèrent en haussant les épaules, vexées.

— Fiona a raison, reprit Doris. Un enfant ne fera que renforcer leur amour. Au fait, comment a réagi Shrek quand tu lui as annoncé la nouvelle ? Raconte !

— Ah, Shrek, euh... Eh bien, il était très... vraiment..., s'embrouilla Fiona.

La princesse pouffa nerveusement, tentant de faire illusion auprès de ses amies et de masquer son trouble, lorsqu'elle perçut au loin, par la fenêtre, d'étranges bruits... Des bruits d'autant plus préoccupants qu'il lui sembla entendre Dragonne pousser un rugissement lancinant et craintif.

Chapitre Onze

Hélas ! Tandis que les princesses et les créatures de contes de fées fêtaient la maternité de Fiona au sein du château, un nuage de méchants, arrivant tout droit de la *Pomme Empoisonnée*, ombrageait peu à peu le ciel de Fort Fort Lointain. À califourchon sur des balais de sorcières, ils zigzaguaient dans les airs en suivant le sillon de leur chef, Prince Charmant.

— En avant, mes amis ! s'écria celui-ci. En route pour notre futur « *Et ils vécurent heureux pour toujours !* »

Il rejeta ses cheveux en arrière et ricana

méchamment, la bouche grande ouverte. Soudain, il goba une mouche.

— Erk !

Il recracha tant bien que mal la bestiole d'un air écœuré.

— À présent, larguez les missiles !

Cramponnés aux arbres maléfiques qui leur servaient de parachutes, des bandits se placèrent en formation, dessinant un V dans le ciel, puis plongèrent en piqué sur Rodéo Drive.

Les arbres déployèrent leurs branches, gonflant leur feuillage et larguèrent leurs pilotes à toute vitesse sur la ville. Ces derniers atterrirent parmi la foule de badauds faisant leurs courses dans la rue en contrebas. Les citoyens de Fort Fort Lointain se mirent à hurler de tout bord en s'enfuyant, totalement terrorisés !

Un méchant chevalier fit fuir les clients d'un café et s'invita à vider toutes les tasses encore pleines.

Le Capitaine Crochet tenta d'arracher un petit garçon des bras de sa mère.

— Tiens, tiens..., ne serait-ce pas notre cher Peter Pan ? ricana le pirate.

— Il ne s'appelle pas Peter ! hurla la maman, épouvantée.

— Silence, Wendy ! grogna Crochet.

Un peu plus loin, un autre méchant projeta un chariot dans la vitrine d'une boutique, pendant que, de son côté, l'énorme Clyclope jubilait à sortir toutes les lettres d'une boîte et à en arracher les timbres avant de les fourrer à nouveau dans la boîte.

Perché sur son balai, Prince Charmant plongea vers le centre-ville pour tâcher de rediriger sa bande de malfrats sur leur objectif.

— Tous au château ! commanda-t-il à ses troupes.

Les sorcières et tous les autres bandits marchèrent au pas derrière Charmant. Très vite, le château se retrouva encerclé.

— GRRR ! rugit Dragonne en carbonisant l'un d'eux grâce à un puissant jet de flammes.

Mais de plus en plus de méchants arrivèrent en trombe sur elle pour l'encercler.

Percevant encore les rugissements de Dragonne, Fiona se pencha par la fenêtre. C'est alors qu'elle aperçut un groupe de sorcières larguant un énorme filet métallique sur la pauvre Dragonne !

— Grrrr ! mugit cette dernière d'un cri plaintif.

— On est assiégés ! couina le Nain D'épices, en claquant vivement les portes de la bibliothèque.

Les Trois Petits Cochons et Pinocchio poussèrent une commode et quelques chaises contre la porte, puis les petites créatures enchantées s'y adossèrent de toute leur force espérant ainsi empêcher les méchants de rentrer.

— Fiona, sauve-toi et prends soin du bébé ! dit le Nain D'épices d'une voix intrépide. Les princesses s'affolèrent.

— Pas de panique ! leur cria Blanche-Neige. Nous allons tous mourir !

Fiona prit les choses en main. Elle fit pivoter un pan du meuble de bibliothèque, et une porte dérobée s'ouvrit, laissant appraître un passage secret.

— Tout le monde par ici ! ordonna-t-elle à ses amis. Maintenant !

De l'autre côté de la porte, Prince Charmant

et les méchants se servirent d'un arbre maléfique pour enfoncer la porte à coups de bélier.

— Allons, un peu de nerf, les gars ! brailla Charmant.

Le Cyclope s'assit à califourchon sur l'arbre en poussant des cris de joie, comme il faisait sur son taureau mécanique à l'auberge.

— Hee-haaa !

BOUM ! BOUM ! BOUM !

La porte de la bibliothèque n'allait pas tarder à céder !

— Le temps presse ! Dépêchez-vous ! s'affola Fiona, en faisant descendre les princesses dans le passage secret.

— On va faire notre maximum pour les retenir le plus longtemps possible, Princesse ! glapit le Nain D'épices.

Un autre *boum* fracassant, et la porte céda. Charmant et ses acolytes pénétrèrent dans la pièce.

Les petites créatures de contes de fées, qui s'étaient rapidement installées autour de la table, firent mine de prendre tranquillement leur goûter.

— Où sont Shrek et Fiona ? les somma Charmant.

— 'Connais pas ces cocos-là... ! répondit le Nain D'épices d'un ton nonchalant.

— Nan, acquiesça un des Petits Cochons.

— Coco-là, n'connais pas ! renchérit un autre.

Ils continuèrent à siroter leur tasse de thé le plus tranquillement du monde.

— Je vous suggère de coopérer avec le nouveau roi de Fort Fort Lointain, bande de farfadets ! les menaça Charmant, agacé.

— Si un jour vous arrivez à être roi, ce sera seulement celui des Imbéciles ! lâcha effrontément le Nain D'épices.

Impassible, le Prince leva une main et fit claquer deux doigts.

— Crochet !

— Malheur à toi, Gaufrette ! gronda le Capitaine, en braquant son crochet sous la gorge du Nain D'épices. Maintenant, parle !

Le pauvre petit bonhomme essaya de résister, mais très vite il perdit connaissance. Tandis que sa vie repassait en flash sous ses yeux en forme de dragées blanches, il se mit à fredonner, inconscient.

Frustré, Prince Charmant serra les dents. Il attrapa la tête de Pinocchio dans ses mains et se mit à hurler :

— Toi, le pantin ! Dis-nous donc où est Shrek, puisque tu ne peux pas mentir !

Pinocchio fit mine de réfléchir.

— En vérité, je ne sais pas où il n'est pas, répondit la marionnette d'une voix hésitante.

Le Prince fronça les sourcils d'un air renfrogné.

— Ça signifie que tu ne sais *pas* où est Shrek ? grommela-t-il, agacé.

Pinocchio se mit à gigoter sur son siège, redoublant d'astuces pour ne pas mentir :

— Pour être plus précis, il n'est pas impossible que je sache – ou non – où il pourrait bien ne pas être...

— Tu sais donc où il est ! tempêta Charmant, qui commençait à perdre patience.

— Bien au contraire ! répliqua aussitôt Pinocchio, de plus en plus sûr de lui. Il n'est pas impossible que je puisse avec certitude, sans pour autant récuser l'idée que je ne puisse pas...

— Il suffit ! hurla Charmant, hors de lui.

— ... vous dire s'il n'est pas là où je pense qu'il est ! conclut Pinocchio, tout essoufflé.

Le Capitaine Crochet se frotta les tempes tellement il avait mal à la tête. Même les Trois Petits Cochons ne comprenaient rien au charabia de leur ami !

— En supposant, bien sûr, qu'il soit là où il n'est pas, rajouta Pinocchio pour faire bonne mesure. Car même s'il n'était pas là où je sais qu'il est, cela signifierait peut-être que je ne suis pas absolument certain de savoir où il n'est pas !

Outre le charabia de Pinocchio, le Nain D'épices continuait à chantonner ses paroles loufoques...

— Assez ! s'écria un des Trois Petis Cochons.

La torture lui était devenue insupportable !

— Shrek est parti chercher le futur héritier du trône..., avoua-t-il soudain.

Lorsqu'il réalisa qu'il venait de vendre la

mèche, le cochon plaqua ses deux sabots fendus sur son groin, horrifié.

Pinocchio gloussa nerveusement.

— C'est donc ça ! triompha Charmant. Shrek nous ramène le futur héritier ?

— Non ! s'écria Pinocchio, dans une ultime tentative.

Mais le nez du pantin se mit à s'allonger.

Prince Charmant esquissa un large sourire de satisfaction, avant de se retourner vers ses infâmes complices.

— Crochet, occupe-toi du nouveau roi. Mais ramène-moi Shrek vivant !

— Il ne tombera pas dans votre piège ! leur cria Pinocchio, dont le nez s'allongea de plus en plus.

Chapitre Douze

Shrek, l'Âne et Potté prirent finalement la mer, s'éloignant des côtes de Worcestershire avec, à leur bord, un jeune Tutur totalement surexcité. Le lycée, avec ses donjons et ses tourelles, rétrécissait à l'horizon comme un minuscule petit pois à mesure que le navire voguait lentement à travers les eaux profondes.

— Ça va être génial ! Merci de m'avoir tiré de ce trou paumé, Shrek. Je n'avais aucune perspective d'avenir dans cet endroit ! Alors que là... Whoua ! Fêtes, princesses, châteaux... j'ai hâte ! Enfin, je me doute que ce ne sera pas qu'une partie de plaisir. Je serai sûrement obligé d'anoblir quelques héros et de baptiser un ou deux navires, non ?

— Oui, mais tu essaieras de ne pas faire couler le bateau avec la bouteille, plaisanta Shrek.

— Non mais, sérieusement... moi, un *roi* ? Je savais que j'étais issu de la famille royale et tout mais... je pensais que tout le monde m'avait oublié.

Tutur contempla la mer d'un air pensif.

— Suis-je réellement le seul héritier ? demanda l'adolescent.

Shrek hésita avant de répondre.

— Le seul et l'unique, finit-il par mentir.

L'adolescent poussa un profond soupir et se mit à rêvasser en regardant les vagues.

— C'est vrai, Arthur ! ajouta l'Âne. Tu vas vivre dans le grand luxe. Ils ont les meilleurs chefs cuistots là-bas, et ils n'attendent que toi pour rallumer les fourneaux !

— Oui, et heureusement il y a les goûteurs du roi, commenta Potté.

— À quoi servent-ils ? les interrogea Arthur.

Potté bondit sur la rambarde à côté du garçon.

— Ils goûtent les mets avant le roi pour s'assurer qu'ils ne sont pas empoisonnés !

— *Em-empoisonnés...* ? balbutia Tutur, effrayé.

— ... ou trop salés, les interrompit Shrek pour tenter de limiter les dégâts.

— Ne t'inquiète pas, le rassura l'Âne. Tu seras toujours sain et sauf grâce à tes fidèles gardes du corps !

— Quels gardes du corps ? s'écria l'héritier du trône, de plus en plus inquiet.

— Tous n'aspirent qu'à une chose : sacrifier leur vie par dévouement pour leur roi ! romança Potté, avec passion.

Tutur sembla sur le point de s'évanouir.

— Ah, euh... vraiment ? couina-t-il.

— Absolument ! s'écria le chat, survolté. Et tu jouiras de toute l'estime du royaume !

— Mais tu devras veiller à ce que tes sujets ne meurent pas de faim, lui recommanda l'Âne.

— Ou de la peste, ajouta Potté.

— Ah, oui. C'est très mauvais ça, la peste, renchérit l'Âne.

— Sans compter la tuberculose, les infections purulentes, la nourriture avariée..., frissonna Potté, incapable de s'arrêter.

Shrek esquissa un sourire embarrassé.

— Les infections purulentes ! bafouilla-t-il, nerveux. Quel sacré farceur, ce Potté.

— Quoi ? Qu'est-ce que j'ai dit ? s'étonna ce dernier, d'un air innocent.

— Ne donnez pas de fausses idées à Tutur, les raisonna l'ogre.

Il désigna le jeune prince d'un geste de la main mais... plus de prince ! Arthur avait disparu !

— Euh, Tutur ? l'appela Shrek.

Soudain, le navire tangua brusquement sur la droite. L'Âne et Potté trébuchèrent sur le pont, et Shrek dut se cramponner aux bastingages.

— Oooooh ! s'exclamèrent-ils tous les trois.

Le capitaine dévala le pont jusqu'à eux sur les fesses.

— Ahhhh ! s'écria-t-il à son tour.

Dans la cabine, leur passager avait pris les commandes du gouvernail ! Il fit tourner la barre à toute vitesse, redirigeant le vaisseau en direction de Worcestershire.

— Tutur ! hurla Shrek.

Puis il fit irruption dans la cabine.

— Qu'est-ce que tu fabriques !

L'ogre empoigna le gouvernail pour remettre le cap sur Fort Fort Lointain.

Tutur tomba et glissa sur le pont. C'est alors qu'il aperçut une crosse à proximité et s'en empara.

— Qu'est-ce que tu crois que je fais ? se mit-il en colère, en se relevant pour coincer la crosse dans le gouvernail.

Le bateau vira brusquement, et Shrek perdit l'équilibre.

Il se releva avec peine et attrapa la barre, remettant, une fois de plus, le navire dans la bonne direction.

— Tu n'as pas vraiment le choix ! cria-t-il à Arthur.

Ce dernier redressa la barre dans l'autre sens !

— Je n'y connais rien au métier de roi, moi !

— Eh bien, tu apprendras ! répliqua Shrek, tout en bataillant contre lui pour garder le contrôle du gouvernail.

L'Âne et Potté dévalèrent le pont comme des tonneaux en hurlant.

— Désolé de te décevoir, répliqua Tutur, en s'accrochant à la barre et en tirant dessus de toutes ses forces sur la droite, mais je préfère *rentrer* !

— Quoi ?... se moqua Shrek, en revirant la barre à gauche, tu veux dire que tu préfères être un *minable* ?

Mais à peine eut-il prononcé ces mots, que l'ogre comprit qu'il avait été trop loin. Le visage de Tutur se décomposa et le garçon lâcha prise. Or, Shrek tirait tellement fort sur le gouvernail, que toute la colonne de direction fixée au pont se disloqua subitement !

— Regarde ce que t'as fait ! tempêta-t-il.

Barbouillé par le mal de mer et à deux doigts de vomir, l'Âne rampa tant bien que mal jusqu'à la balustrade. C'est alors que son regard vaseux discerna dans les flots... d'énormes rochers !

— *SHREEEEEEEEK !*

L'ogre tenta désespérément de remettre la barre en place et d'éloigner le navire du rivage.

— Terre en vue ! s'écria le capitaine, juste au moment où le bateau se fracassait contre les rochers.

Chapitre Treize

Potté sous un bras et l'Âne sous l'autre, le gros ogre vert affleura d'un pas lourd sur la rive.

Tutur crachota derrière eux en s'extrayant péniblement de l'écume.

Shrek jeta un coup d'œil par-dessus son épaule et lui décocha un regard furieux.

— Bien joué, Votre Majesté ! grogna-t-il, sarcastique.

— Ah, parce que maintenant c'est « Votre Majesté » ? Et qu'as-tu fait du « minable », hein ? le provoqua Arthur.

— Si tu crois que tu vas t'en tirer comme ça, tu t'trompes ! lui hurla Shrek en réponse. On va rentrer à Fort Fort Lointain, d'une manière ou d'une autre, et tu seras roi, un point c'est tout !

— « *... et tu seras roi, un point c'est tout !* » répéta le jeune prince en imitant son interlocuteur. C'est ça, cours toujours !

Puis il s'éloigna à grands pas furibonds sur la grève en prenant la direction des bois.

— Et où tu crois aller comme ça ? lui hurla à nouveau Shrek.

— Fort Fort... *loin de toi* !

Et Arthur disparut dans un sentier obscur.

— Revenez ici, jeune homme, je ne le répéterai pas !

Mais Tutur ne répondit pas.

L'Âne s'élança au pas de course pour le rattraper, puis se retourna vers Shrek un instant.

— Dis, mec ! Faudrait que tu songes à changer de technique si tu veux arriver à tirer quelque chose de ce gosse ! conseilla-t-il à son copain.

L'autre esquissa un large sourire narquois.

— C'est ça, l'Âne.

L'ogre ramassa un énorme bâton en bois.

— Qu'est-ce que tu penses de ça ? suggéra-t-il, en faisant tournoyer le bâton comme un club de golf.

Choqué, l'Âne désapprouva en secouant farouchement la tête.

— Oh, quoi, c'est pour rire.

Shrek gloussa en tapotant la tête de son ami.

— Quoique... !

Puis, avec Potté, ils s'empressèrent de rejoindre le sentier escarpé et rocailleux qui menait à la sombre forêt, afin de rattraper le prince rebelle.

Shrek allongea le pas, à quelques mètres d'Arthur.

— Écoute... Tutur..., lui lança-t-il pour tâcher d'attirer son attention.

Mais l'adolescent continua à regarder droit devant lui et l'ignora.

— Ça va, Arthur. Je te vois venir avec tes grands airs furibards. Si tu crois que je vais marcher, tu te trompes, mon p'tit gars ! Écoute, je n'ai pas l'intention de te harceler ou de te fiche la trouille, ni quoi que ce soit du genre... J'essaie juste de faire rentrer dans ta caboche l'idée qu'être roi, ça pourrait être... *swing-swing, za-ga-zing !*

Potté et l'Âne se dévisagèrent, interloqués. Tutur repéra de la fumée au loin et partit dans sa direction en continuant à ignorer l'ogre exaspérant.

— Enfin bon, lui cria celui-ci, si je t'embête, faut prévenir, hein ! Mais sans t'énerver. En disant simplement : « Shrek, tu dépasses les bornes. »

Comme il passait sous un arbre, Arthur attrapa une branche à portée de bras et la relâcha brusquement dans son dos, en plein dans le visage de Shrek !

Puis le jeune prince se mit à courir vers le nuage de fumée. Débouchant sur une petite clairière à l'orée des bois, il aperçut un énorme chaudron en fer rempli de liquide bouillonnant, suspendu au-dessus d'un feu de camp, devant une cabane construite à flanc de coteau.

— À l'aide ! J'ai été kidnappé par un monstre ! s'écria soudain Arthur.

— Tutur, attends ! s'exclama Shrek derrière lui.

— Au secours ! Au secours ! Monstre en vue ! s'affola le garçon.

— Du calme, gamin, bon sang !

Shrek essaie d'être un bon roi intérimaire...

...mais, apparemment, il s'y prend vraiment mal !

Shrek et Fiona reçoivent un traitement royal !

L'ogre ne s'est pas amusé *du tout* au bal !

Le roi Harold s'apprête à rendre son dernier *crôa*.

Charmant répète son nouveau spectacle : un duel contre un ogre en carton !

La reine et les créatures enchantées gardent le royaume après le départ de Shrek.

Charmant mijote quelque chose à l'auberge de la *Pomme Empoisonnée*.

Shrek se rend dans un lycée lointain
à la recherche de Tutur, l'héritier légitime du trône.

Charmant et ses méchants
sont en route pour
la bataille !

Crochet terrorise les habitants de Fort Fort Lointain.

Dernière tendance pour prendre soin de bébé : avoir un nain à tout faire !

Vous n'avez jamais vu des gens prendre leur goûter ?

Shrek et Tutur discutent des devoirs du roi.

Les princesses ont quelques soucis à régler...

Le spectacle de Charmant est un énorme flop : Shrek lui vole la vedette et vivra *heureux pour toujours* !

— Allez, répondez ! Victime innocente en détresse ! Y'a quelqu'un là-dedans ? hurla Arthur sur le seuil de la cabane.

À cet instant, un éclair de lumière jaillit de la lanterne accrochée à la porte. C'est alors qu'une image lumineuse en 3-D fit apparaître une tête de vieux magicien.

— Ahhhhhhhhhhh ! Qu'est-ce que c'est que çaaaaaaaaaaa ? s'égosillèrent l'Âne et Potté, en se cramponnant l'un à l'autre, terrorisés.

— Prenez garde, intrus ! gronda la sinistre figure. Vous venez de profaner l'aura de mon cercle de sérénité ! Quittez ces lieux illico ou préparez-vous à affronter la colère de...

FZZZZ... Floc !

L'hologramme disparut subitement.

La porte de la cabane s'ouvrit en grinçant, et un vieux monsieur tout ratatiné apparut sur le seuil.

— Je savais que j'aurais dû prendre une garantie ! rouspéta ce dernier.

Il donna un coup de poing dans la lanterne, qui lui rebondit lourdement sur la tête.

— Aïe ! hurla le petit vieillard.

— Monsieur Merlin ? s'étonna Tutur.

Shrek dévisagea l'adolescent, stupéfait.

— Tu connais ce type ?

— Oui. C'était notre prof de magie au lycée.

Tutur se pencha vers l'ogre pour chuchoter :

— ... jusqu'à ce qu'il tombe en dépression.

— Euh, techniquement, j'ai simplement été victime d'une grosse fatigue, le rectifia Merlin, et c'est à la demande de mon thérapeute et de la direction de l'école que je suis parti à la retraite, dans la tranquillité de la nature, afin de découvrir ma mission divine.

Le vieillard écrasa une mouche qui tentait de se poser sur le sommet de son crâne.

— Bref, est-ce que je peux vous offrir quelque chose à grignoter... ou de quoi vous rincer le gosier ? leur demanda Merlin, en sifflotant un petit air.

— Non merci, mon gosier est suffisamment moite comme ça, lui répondit Shrek.

Le mage leur tendit un plat brûlant rempli de cailloux.

— Vous êtes sûrs de ne pas vouloir goûter mon fameux gratin de cailloux ?

— Merci, mais non merci. Il nous reste

encore pas mal de route à faire, lui expliqua Shrek en attrapant Tutur par le bras.

— Qui t'a dit que je venais avec toi ? s'exclama ce dernier.

— Écoute-moi bien, petit. À partir de maintenant, fini le Gentil Petit Ogre, pigé ? lui cria Shrek.

— Ah, parce que là, tu étais gentil ? ironisa Tutur.

— Oui, et tu vas voir, ça va te changer, plaisanta Shrek d'un ton sec.

— Pourquoi t'irais pas terroriser un village plutôt, histoire de me fiche la paix ? ! hurla l'adolescent.

— Ah oui, tu veux ? hurla Shrek à son tour.

— Oui ! répondit Tutur d'un ton hargneux.

— Hé là ! Ça suffit ! s'interposa Merlin.

Il se leva et jeta une poignée de terre sur le feu. Des panaches de fumée magique s'élevèrent au-dessus d'eux.

Tout le monde cessa de se chamailler pour l'observer.

Le magicien se gratta l'estomac.

— Achhh ! Toutes ces querelles me donnent des rougeurs. Regardez-moi ça ! s'écria le vieil homme en soulevant sa toge pour que tous puissent constater lesdites rougeurs sur son ventre.

— Ah ! grimaça l'Âne, répugné.

— *Dios mio* ! miaula Potté.

— Vous n'arriverez à rien si vous n'apprenez pas à affronter vos démons intérieurs ! les gronda Merlin. À présent, vous tous, observez bien et dites-moi ce que vous voyez.

Des panaches de fumée jaillirent dans le ciel ; différentes formes se dessinèrent peu à peu.

— Super, des charades ! se réjouit l'Âne.

— Je vois une sale fumée, répondit Shrek, indifférent. Bon, maintenant est-ce qu'on peut... ?

— Oh ! Je vois une tarte au caramel garnie de bâtons de cannelle tourbillonnants !

— Je dirais plutôt « une flamboyante tentatrice », contesta Potté.

— Non, une tarte ! le contredit l'âne.

— Non, « une tentatrice » ! insista Potté.

Merlin se tourna vers Shrek.

— Bien, à votre tour, le monstre.

— Laissez tomber.

— Allez, mec ! s'exclama l'Âne. Tout le monde participe !

— Écoutez, l'ami, c'est soit ça, soit la thérapie primale, l'avisa Merlin en poussant un horrible cri bestial.

— O.K., d'accord ! grogna Shrek.

L'enchanteur jeta une nouvelle poignée de terre dans le feu.

— Dites-moi ce que vous voyez !

Comme Shrek contemplait la fumée, les images du landau et des bébés, issues de son cauchemar sur le bateau, se dessinèrent peu à peu dans le ciel.

— Je vois un poney couleur arc-en-ciel, mentit l'ogre, sarcastique.

— Intéressant... À présent, le jeune homme ! s'écria Merlin en pointant Tutur du doigt.

Le prince plissa les yeux en observant les volutes.

— Alors, je vois... je ne sais pas... un type, on dirait... un type debout, face à un château.

Merlin lui donna une petite claque sur la nuque.

— Concentre-toi ! Ne perds pas le fil !

— Attendez ! Le château a des dents tout à coup. Et il poursuit le type !

Le sorcier se mit à taper lentement sur un tambour.

— Peut-être qu'il devrait fuir ? suggéra-t-il au garçon.

— Cours ! hurla Tutur au personnage imaginaire. Ah ! Il vient de m'avaler tout cru !

Shrek regarda son protégé, de plus en plus attendri.

— Euh, enfin, il vient de manger *le type*, se reprit Arthur.

Puis il détourna la tête du feu et s'aperçut que tout le monde le fixait.

— Ah, soupira joyeusement Merlin. Mon campement est purifié maintenant !

Il donna une petite tape bienveillante dans le dos du jeune prince, puis disparut à l'intérieur de sa cabane.

— Je sais bien que vous voulez que je sois roi, sanglota Tutur, mais j'en suis incapable ! Je ne suis pas fait pour ça et je ne le serai jamais d'ailleurs. Même mon propre père m'assurait que j'étais bon à rien. Il s'est débarrassé de moi en me mettant dans cette école et je ne l'ai plus jamais revu.

— Entre nous, le mien n'était pas vraiment le père idéal non plus, lui répondit Shrek, compatissant.

— Peut-être mais ça m'étonnerait qu'il soit pire que le mien.

— Ah, tu crois ? Mon père était un ogre, figure-toi. Il a essayé de me manger, lui confia Shrek.

Arthur gloussa nerveusement.

— O.K. ! Je reconnais que c'est pire que le mien.

— Je comprends que ce soit difficile à imaginer étant donné mon charme naturel et mon physique de rêve, mais les gens n'en pensaient pas moins de moi, poursuivit Shrek. Pourtant tu sais quoi, Tutur ? Ce n'est pas parce que les gens te prennent pour un minable que c'est ce que tu es *réellement*.

L'Âne et Potté sourirent à leur compère, comme pour l'encourager à continuer.

— Sincèrement, t'es bien comme t'es, Shrek, lui confia à son tour Arthur. Faut juste que tu arrêtes de grogner tout le temps et que tu utilises un peu plus de savon.

L'ogre hocha la tête, amusé, en signe d'approbation.

— Merci du conseil, Tutur.

Les quatre héros s'assirent en rang d'oignons sur un rondin et restèrent un moment à contempler le feu en silence.

— Le savon, c'est parce que tu sens mauvais, Shrek, ajouta Tutur. *Vraiment* mauvais.

— Oui, merci. J'avais compris ! lui répondit le gros ogre vert.

Chapitre Quatorze

Tandis que Shrek et ses amis réfléchissaient à l'angoissante question de la paternité, la reine Liliane, Fiona et les autres princesses tentaient désespérément de s'évader à travers les passages secrets souterrains du château de Fort Fort Lointain. Il fallait *absolument* qu'elles découvrent ce que mijotait Prince Charmant !

En tête du cortège, Fiona tenait une torche pour leur éclairer le chemin. Elles descendirent sur la pointe des pieds le long d'un escalier, puis contournèrent une étroite corniche.

— Où est-ce qu'on va ? pleurnicha Cendrillon.

— Restez groupées, leur ordonna simplement Fiona. Le château possède une autre entrée quelque part par là...

La Belle au bois dormant bâilla.

— Ça fait des heures qu'on marche, et mes pieds me font un mal de chien ! se plaignit-elle.

Doris hissa la princesse dans ses bras pour la porter. Très vite, la Belle se rendormit à poings fermés, la tête appuyée contre une des larges épaules de Doris.

Cendrillon huma l'air.

— Cet endroit est vraiment crasseux. J'ai l'impression d'être une clocharde !

— Fais attention où tu marches, lui rétorqua sèchement Fiona, qui tentait de dissimuler son agacement.

Puis elle abaissa sa torche pour que ses compagnes puissent voir le rétrécissement de la corniche ; un rat courait dans tous les sens à leurs pieds.

— Ahhhhhhhh ! hurla Blanche-Neige en apercevant la bestiole.

— C'est dégoûtant ! s'écria Cendrillon.

Blanche-Neige frissonna.

— Désolée, c'en est trop pour moi !

— Tout tourne toujours autour de *toi*, marmonna la Belle au bois dormant, en relevant lentement la tête de l'épaule de Doris. Ton attitude ne nous aide pas beaucoup, tu sais !

— *Mon* attitude ?! s'indigna Blanche-Neige. Peut-être que ça vous chiffonne qu'on m'ait élue la plus belle de la province !

— Tu parles ! Cette élection était truquée, la railla Rapunzel.

— Oh, toi, fiche-moi la paix, la fausse blonde ! la coupa méchamment Blanche-Neige, en désignant d'un geste exagéré la longue, longue tresse dorée de Rapunzel. Comme si tes cheveux étaient pas truqués, eux !

La reine Liliane intervint :

— Mesdemoiselles, un peu de tenue, je vous prie... !

— Vos chamailleries n'aident personne, leur lança Fiona. Maintenant, en route !

Les princesses ronchonnèrent.

Fiona soupira, consternée, puis se remit en route.

— C'est quoi le plan au juste ? Errer sans

but et moisir dans ce trou ? ironisa Blanche-Neige.

— Non ! la coupa Fiona hargneusement. On retourne à l'intérieur du château et on découvre ce que complote Charmant.

Puis elle se remit à la recherche de l'autre entrée. Soudain, elle repéra un faible carré de lumière au-dessus d'elles.

— J'ai trouvé ! s'exclama Fiona.

Elle jeta sa torche par terre et escalada une échelle. Une fois en haut, elle souleva une grille métallique et passa la tête au-dehors.

Elle se hissa hors du trou en rampant jusque dans la cour du château, suivie de la reine et des autres princesses.

Elles se faufilèrent discrètement dans l'angle d'un bâtiment et restèrent tapies là un moment, observant, intriguées, les travaux en cours à quelques mètres d'elles. Charmant avait ordonné la construction d'un gigantesque théâtre en plein air ! Une grande façade de tour était hissée sur la scène, tandis qu'on accrochait des photos de lui un peu partout dans le décor.

Un groupe de gardes passa au pas non loin

des princesses ; ces dernières s'éclipsèrent en rasant les murs.

— Allons-y, suivez-moi ! leur souffla Rapunzel à voix basse, en prenant la direction opposée.

— Rapunzel, pas par là ! s'écria Fiona.

La jeune fille et les autres s'élancèrent pour rattraper Rapunzel à l'intérieur du château.

Lorsqu'elle enfonça la porte d'entrée, Fiona aperçut, à l'autre extrémité du long hall d'entrée, le Prince tenant Rapunzel par le bras.

— Lâche-la, Charmant ! lança-t-elle, en colère.

Celui-ci lui décocha un sourire mielleux.

— Et pourquoi donc ferais-je cela ?

— Miaaaaa-ou ! ronronna Rapunzel à ses côtés.

— Ouaf-ouaf ! lui aboya affectueusement le Prince en réponse.

Et tous deux s'échangèrent un long baiser.

Les princesses demeurèrent bouche bée !

— Quoi ? s'étonna Fiona, stupéfaite.

— Mesdemoiselles, dites bonjour à la nouvelle reine de Fort Fort Lointain ! leur annonça Prince Charmant.

— Alors, jalouses... ? les nargua Rapunzel.

— Rapunzel ! Comment as-tu pu ! hurla Fiona, folle de rage.

Les gardes armés encerclèrent la reine Liliane et les princesses.

— Grâce à Rapunzel, vous retournerez bientôt toutes d'où vous venez ! leur assura Charmant. Condamnées à astiquer des sols ou à être enfermées dans des tours – enfin, si toutefois je vous laisse la vie sauve d'ici la fin de la semaine !

— Mais, mon lapin, tu avais promis de ne pas leur faire de mal ! pleurnicha Rapunzel.

— Pas devant tout le monde, chaton, l'avertit Charmant. On en discutera à la maison.

— Shrek ne te laissera pas faire, escroc ! Tu ne t'en sortiras pas comme ça ! protesta Fiona, furieuse.

Prince Charmant exhiba un sourire sadique.

— Ton précieux ogre ne pourra rien faire, cette fois, ma jolie. Maintenant, veuillez nous excuser mais nous avons un spectacle à monter !

Rapunzel suivit le Prince dans la cour, en lançant un petit regard embarrassé à ses amies, comme pour s'excuser.

Les gardes s'éloignèrent au pas, escortant des princesses désormais prisonnières.

Chapitre Quinze

Le lendemain matin, Shrek se réveilla au milieu de la dense et sombre forêt, toujours aussi perdu et éloigné de Fort Fort Lointain. Il se gratta la tête et regarda autour de lui. Quelque chose n'était pas normal. Mais *quoi* ? Il perçut un léger bruissement derrière lui et se retourna brusquement. Ce n'était qu'un oisillon se posant sur la branche d'un arbre.

Dès que notre ogre eut le dos tourné, la branche éjecta l'oiseau contre le tronc de l'arbre, et celui-ci dégringola silencieusement par terre.

Shrek jeta un coup d'œil à l'Âne. Il dormait encore à poings fermés !

Quelques feuilles tombaient peu à peu autour d'eux, quand deux immenses ombres ténébreuses assombrirent soudain le campement. Les oreilles de Shrek se hérissèrent et un frisson parcourut sa colonne vertébrale. Il fit volte-face. De part et d'autre du campement, des arbres avançaient sur eux !

Potté se réveilla en sursaut et bondit sur l'épaule de Shrek.

Le rondin sur lequel dormait Tutur se redressa brusquement et le renversa à terre.

— Aïe ! cria ce dernier en se relevant d'un bond.

Les quatre amis n'eurent pas le temps de dire ouf, qu'ils se retrouvèrent encerclés par les arbres maléfiques !

L'Âne finit par être tiré de son sommeil.

Lorsqu'il eut frotté ses yeux tout endormis, il leva la tête et aperçut un arbre monstrueux s'approchant dangereusement au-dessus de lui.

— Ahhhh ! hurla-t-il.

Au loin, dans les bois, un air de piano se fit alors entendre.

Shrek regarda à travers les feuillages et

découvrit le Capitaine Crochet assis à son piano.

— Ah ! ah ! ah ! ricana le méchant.

En reconnaissant le rire cruel de Crochet, Shrek frissonna.

La musique s'intensifia en un martelant crescendo. Finalement, Crochet leva les yeux des touches et se retourna vers ses proies. Il prit un air renfrogné et aboya ses ordres aux pirates qui l'accompagnaient :

— Tuez-les tous !

Il brandit avec haine son crochet en direction de Shrek.

— Sauf le gros ! Le Roi Charmant te réserve quelque chose de spécial, l'ogre...

— Le *ROI* Charmant ? s'écria Shrek.

— À l'attaque ! ordonna Crochet en hurlant.

Des pirates dégringolèrent subitement des arbres.

L'un d'eux dégaina son épée pour frapper Tutur mais Shrek écarta le garçon en le poussant de côté juste à temps. Comme leur agresseur s'apprêtait à frapper de nouveau, l'ogre souleva Tutur au-dessus de sa tête et l'adolescent balança un violent coup de ses deux pieds dans la poitrine du pirate, l'expédiant à terre.

Potté tira son épée de son fourreau et protégea l'Âne contre les flibustiers, qui, à présent, déboulaient de toutes parts autour d'eux en bondissant des branches d'arbres.

Le Capitaine Crochet joua un air guerrier entraînant au piano tandis que deux malfrats amenaient un énorme coffre à trésor en le faisant rouler.

— Préparez la potence ! gronda Crochet.

Un pirate jeta une planche en bois sur une souche ; une des extrémités de la planche reposait en équilibre sur le coffre grand ouvert. Plusieurs hommes tinrent Shrek en joue à la pointe de leur épée, le forçant à s'avancer sur la planche jusqu'à l'intérieur du coffre.

Acculés dos à dos, toutes épées dehors, Potté, Tutur et l'Âne tentèrent désespérément de faire reculer les méchants. Mais un filet tomba d'un des arbres maléfiques et les hissa subitement dans les airs. Des pirates braquèrent un canon sur les héros emprisonnés et allumèrent la mèche.

— Ahhhh ! hurla Tutur, pris de panique.

Potté sortit ses griffes acérées comme des lames de rasoir et essaya de déchirer le filet ; l'Âne tenta d'en faire autant en rongeant les mailles avec ses grosses dents.

Tandis que la mèche du boulet de canon se consumait, Shrek jaillit du coffre à trésor comme un diable hors de sa boîte ! Il se redressa – le coffre toujours coincé sur son derrière ! – et, repérant la mèche incandescente, élabora un plan à toute allure.

Il bondit et retomba lourdement sur l'extrémité de la planche : le pirate posté à l'autre bout fut catapulté dans les airs et atterrit directement sur le canon ! L'obus de la machine tourbillonna et finit par se braquer sur le Capitaine Crochet et son piano !

Boum ! Le boulet de canon explosa et réduisit le piano en miettes. Crochet, indemne, ne put que se contenter de contempler l'épave.

L'ogre s'empara alors d'une hache et la projeta sur la corde qui retenait le filet. Elle se brisa net, et les trois prisonniers furent libérés.

Les corsaires se regroupèrent et avancèrent sur eux à nouveau.

Shrek fit rapidement pivoter le canon et chargea un nouveau boulet dans leur direction.

Lorsque les pirates aperçurent la mèche allumée, ils pivotèrent sur eux-mêmes comme des girouettes et déguerpirent à toute allure dans les bois !

— Bande de lâches ! vociféra le Capitaine Crochet derrière eux.

Shrek l'attrapa par le col.

— Qu'est-ce que Charmant a fait à Fiona ?

— Tu verras bien ! lui répondit le bandit d'un air mystérieux.

Il brandit son crochet, s'apprêtant à frapper l'ogre, mais se coinça le bras dans la branche d'un des arbres maléfiques.

— Et tu ne pourras rien y faire ! hurla le Capitaine à Shrek tandis que l'arbre l'entraînait dans sa fuite, avec le reste des méchants.

Shrek repéra un cheval attaché à une charrette à l'extrémité du campement de Merlin.

— Suivez-moi ! lança-t-il à ses amis.

Il n'y avait pas une minute à perdre. Fiona et les autres couraient un terrible danger !

Shrek s'élança sans plus attendre mais Tutur s'interposa devant lui.

— Stop, attends ! Merlin peut peut-être nous aider !

Assis en tailleur devant sa hutte, le magicien commença à chanter :

— « *Je suis une rivière, qui coule, coule, coule...* »

L'ogre examina le vieux sorcier d'un air sceptique.

— J'ai comme un doute, murmura-t-il.

— Écoute, c'est un super-magicien, insista le jeune prince. Tu as l'intention de courir jusqu'au royaume ?

Shrek soupira, trépignant d'impatience.

— D'accord, tu as une minute ! Après, on fait comme je dis.

Merlin était toujours en train de fredonner :

— « *Je suis une abeille qui bourdonne, bzzz, bzzzz, bzzzz...* »

— Monsieur Merlin ! l'interrompit Arthur. On a besoin d'une formule magique pour retourner à Fort Fort Lointain !

L'enchanteur ne réagit pas ; il lança simplement un regard en coin à l'adolescent.

— Impossible. Je n'y arrive plus, mon petit, finit-il par lui répondre. Cela fait des années, depuis mon divorce, que j'ai perdu la plupart de mes dons. Je ne suis bon que pour les formules de cuisine désormais. Tutur soupira.

— « *Je suis une rivière, qui coule, coule, coule...* », enchaîna le vieillard, qui tentait de reprendre son chant.

— Monsieur Merlin..., persista le garçon. S'il vous plaît... je suis persuadé que vous pouvez encore y arriver.

— Je te dis que *NON* ! cria le sorcier.

Tutur se tut, réfléchit un moment, puis éclata soudain en sanglots.

Merlin le dévisagea.

— Oh, quoi encore ? râla le vieux magicien.

— C'est juste que... je ne sais pas comment faire, sanglota le jeune garçon. Nous devons absolument rentrer parce que le royaume est en danger, qu'il y a un terrible méchant là-bas, et que... j'ignore quoi faire !

— Allons, du calme.

Merlin se leva pour se rapprocher d'Arthur.

— Je crois que vous ne comprenez pas, se lamenta Tutur, la voix pleine de sanglots. Il y a un homme très méchant, qui est en train de faire des choses très méchantes à des gens très gentils...

— Peut-être qu'il suffirait de remettre cet homme à sa place, suggéra Merlin sans grande conviction et de plus en plus mal à l'aise.

Tutur lui saisit brusquement le bras, le suppliant d'un ton désespéré :

— ... mes amis ont *vraiment* besoin de votre aide pour retourner là-bas ! Pourquoi vous ne les aidez pas, hein, dites-moi ! ?

— Pitié ! ajouta Shrek pour faire bonne mesure.

L'enchanteur resta sans voix.

— *Je vous en supplie !* l'implora Arthur.

Que pouvait faire Merlin sinon accepter !?

— Euh, bon, d'accord. Je vais chercher mes affaires, flancha-t-il, désarmé.

Puis il fila discrètement dans sa cabane, et l'adolescent retrouva instantanément le sourire. Il lança un regard entendu à Shrek en haussant les épaules avec innocence.

— Un vrai jeu d'enfant, souffla-t-il à l'ogre, avec un clin d'œil.

Shrek lui sourit en retour, amusé par son petit numéro.

Merlin réapparut alors, un grimoire de formules magiques entre les mains.

— Bon, je suis un peu rouillé ; donc il se peut qu'il y ait des effets secondaires.

— Des effets secondaires ? cria l'Âne, alarmé.

— Ne vous en faites pas : quoi qu'il arrive, même si c'est atrocement douloureux, ça finira par se dissiper... enfin, je crois.

Le sorcier s'apprêta à commencer. Il s'étira les bras, puis fit craquer les phalanges de ses mains. Ce faisant, un coup de foudre jaillit du bout de ses doigts et pulvérisa un rocher à proximité !

— Ah ! s'effraya l'Âne.

— Oups, s'étonna le magicien en reprenant ses psaumes.

— Vous êtes sûrs que c'est une bonne idée... ? gémit l'Âne, en lançant un regard inquiet à ses amis.

Shrek indiqua l'enchanteur du doigt, l'air résigné.

— En route pour un tour de passe-passe !

L'Âne et Potté se recroquevillèrent, terrorisés, derrière l'ogre.

— *Presto Rapido ! Au trot ! Zoum Zoum Zoum ! Que nos amis nous reviennent à fond les gamello,* prononça Merlin d'un ton incertain.

Des faisceaux magiques fusèrent de ses doigts tendus, et aussitôt Shrek, l'Âne, Potté et Tutur disparurent dans un nuage de fumée.

— Whoua ! s'exclama le mage, en soufflant sur l'extrémité de ses doigts. Ça a marché ! Bien joué, les enfants !

Chapitre Seize

En un éclair, les « enfants » se retrouvèrent dégringolant du ciel en chute libre ! Ils rebondirent d'une branche à l'autre sur un pommier, puis atterrirent, entassés au pied de l'arbre.

L'Âne braya et gémit en ébrouant son pauvre corps courbaturé pour essayer de se remettre du voyage.

— Eh bien, ma dernière virée du genre doit remonter à mes années « collège » !

Shrek se retourna vers lui, interloqué. Avait-il mal entendu ou... est-ce que la voix de l'Âne venait bel et bien de sortir de la bouche de Potté ? !

— L'Âne ? s'écria l'ogre en dévisageant son compagnon de la tête aux pattes.

— Quoi ? J'ai un truc dans les dents ? répondit l'animal, incrédule, en baissant le regard vers son corps.

Alors, l'Âne écarquilla les yeux de stupeur.

Si sa tête était toujours sur ses épaules, son corps, lui, était bizarrement recouvert... d'un pelage de chat !

— Qu'est-ce que... ?! Oh *noooooon* ! hurla-t-il en découvrant ses sabots engoncés dans les bottes de Potté. On m'a abracadabranté en sous-fifre de seconde zone !

— À vrai dire, je te trouve plutôt pas mal, lui rétorqua Potté, dans sa silhouette de bourricot. C'est moi qui ressemble à une baudruche boursouflée de bas-étage !

— Désolé pour la casse, les amis, s'excusa Tutur.

— Ne t'excuse pas, petit ! le rassura Shrek. Tu nous as fait rentrer et nous t'en remercions.

Il indiqua du doigt le château sur la colline, à quelques kilomètres de là. C'était le château de Fort Fort Lointain ! L'ogre aida Arthur à se relever, et les quatre compères s'élancèrent au pas de course.

Tandis qu'ils pénétraient dans la cité, Shrek, l'Âne, Potté et Arthur découvrirent les destructions engendrées par le passage de Charmant et des méchants. Le panneau de bienvenue à l'entrée du royaume était renversé, et au lieu de « *Fort Fort Lointain* », on pouvait désormais y lire « *Bienvenue à Va-t'en dans le lointain* ».

Le pauvre Âne avait atrocement mal aux pattes dans ses bottes trop petites.

— Franchement, geignit-il, sans prêter attention au panneau ni au reste, vous pouvez me dire dans quel conte de fées je vais pouvoir jouer moi, maintenant, avec ces bottes ridicules ? Bon sang, il faudrait au moins ajouter des talonnettes ou des semelles de confort, un truc du genre... !

Soudain, le paysage en ruine qui s'étendait devant eux frappa l'Âne comme un énorme coup de massue sur la tête.

— Doux Jésus ! s'exclama-t-il.

La ville ressemblait à un gigantesque champ de bataille. Des feux brûlaient un peu partout dans les rues, des carrosses désossés étaient abandonnés sur des parpaings, et des graffitis recouvraient les murs.

Ils contournèrent un pirate ivre mort assis sur le bord du trottoir.

— C'est donc ça, le cloaque dont je suis censé devenir roi ! constata Tutur, subitement désenchanté.

— Ce n'était pas dans cet état quand on est partis, lui assura Shrek, navré.

Soudain, ce dernier discerna un petit théâtre de marionnettes mécanique. À l'intérieur, gigotant derrière la vitre, se trouvait...

— Lui, ici ? s'écria-t-il en plissant les yeux, incrédule. Pinocchio !

— Shrek ! hurla le pantin.

Alors que l'ogre vert et ses amis se précipitaient vers le théâtre, les rideaux commencèrent à se refermer. Pinocchio plaqua une main contre la vitre.

— Pinocchio ! hurla Shrek.

— Shrek !

— Pinocchio !

— Au secours ! gémit le pantin.

— Que s'est-il passé ? lui demanda l'ogre, alarmé.

— Charmant et les méchants ont pris le contrôle de la ville ! s'exclama Pinocchio, affolé. Ils nous ont attaqués mais Fiona et les princesses se sont enfuies. À présent, elle est...

La petite musique symphonique du théâtre diminua, et les rideaux se refermèrent brusquement, recouvrant complètement la vitre.

— ... elle est *quoi* ? s'époumona Shrek, totalement paniqué.

Il sortit son porte-monnaie de sa poche et le retourna dans sa main, cherchant désespérément quelques pièces. Mais rien. Il chercha de l'aide en se tournant vers Arthur.

L'adolescent tira ses poches à l'extérieur de son pantalon en haussant les épaules, franchement désolé.

Shrek se tourna alors vers le chat dans le corps de l'Âne.

— Potté, passe-moi de la monnaie !

— Allez, Potté ! Un petit don pour un fréro ! s'écria l'Âne dans ses bottes de Potté.

— Est-ce que j'ai l'air d'avoir des poches ? leur répondit Potté en désignant sa peau d'âne d'un air dégoûté.

— Une minute ! le coupa l'Âne.

Ce dernier se pencha et retira une des bottes en cuir de Potté, avant de la retourner. Une petite bourse remplie de pièces tomba sur le sol.

— Hé hé ! jubila l'Âne en lançant l'escarcelle à Shrek.

— C'étaient mes économies pour les orphelins du couvent des Sœurs Sainte-Marie qui s'occupe des jeunes en difficulté, mais bon, je suis sûr qu'ils comprendront, leur expliqua Potté.

Shrek s'empressa d'insérer quelques pièces dans la machine. La mélodie reprit, le rideau s'ouvrit, et la marionnette suspendue à ses fils se remit à danser.

— Vite, Pinocchio ! Dis-moi où est Fiona ? demanda-t-il au pantin.

— Charmant l'a fait enfermer dans un lieu tenu secret, gémit le petit bonhomme de bois. Il faut que tu ailles à sa recherche ! Il est sûrement en train de se préparer pour le spectaaaaaaaaaaaaaaacle...

Le rideau se referma brusquement.

— Attends ! Non ! s'écria Shrek. Pinocchio ?! *Quel* spectacle ?

La petite main articulée de Pinocchio apparut sous le rideau, indiquant du doigt l'affiche placardée sur le mur d'une façade à proximité.

L'image sur l'affiche représentait Prince Charmant brandissant son épée, un pied plaqué sur Shrek, le clouant au sol.

— « *Et les méchants vécurent heureux pour toujours* ! », put lire l'ogre sur l'affiche. « *Représentation unique au château. L'histoire, telle qu'elle devait se terminer !* »

— Whouah, Shrek ! s'exclama l'Âne. Je ne savais pas que tu jouais dans une pièce !

— Moi non plus, figure-toi, plaisanta l'ogre.

Soudain, une voix résonna depuis la cour du château.

— C'est lui, c'est l'ogre ! Attrapez-le !

Shrek fit volte-face et aperçut un groupe de chevaliers, armés et prêts à charger. Il prit son air le plus royal et s'avança vers eux à grands pas.

— Écoutez, je ne sais pas qui a gaffé sur ce coup, mais un carrosse était censé passer me prendre à mon hôtel, feinta Shrek.

Les mains sur les hanches, il soupira, d'un air exaspéré.

— L'Âne, lança-t-il en se retournant vers Potté, je crois qu'on a affaire à des charlots.

Les chevaliers échangèrent des regards interloqués.

Tutur arracha l'affiche du mur et s'approcha d'eux.

— Ne me dites pas que vous ne savez pas qui c'est ? demanda-t-il aux gardes, en brandissant l'affiche sous leur nez, le doigt pointé sur la photo de Shrek.

Le jeune prince se tourna vers l'ogre, l'air contrit.

— Je suis vraiment confus, messire.

— Réglez-moi ce problème ! lui ordonna Shrek en continuant à jouer la comédie. *Et vite !*

Tutur se retourna vers les chevaliers et s'adressa à leur chef :

— J'ose espérer que tout est prêt pour ce soir ! Avez-vous bien reçu la liste des costumes à porter en loge ?

L'Âne, dans le corps de Potté, s'avança d'un pas assuré vers les officiers et les dévisagea d'un œil autoritaire.

— Et *quid* des croissants fourrés au sashimi

de thon grillé pour le petit-déjeuner ? ajouta-t-il d'un ton impérieux. Et les crêpes à la vanille recouvertes de sauce à l'orange, avec salade de fruits frais, hum ? Oh et puis, dites, si vous aviez aussi du maïs au safran accompagné de miel liquide au piment, ce serait formidable parce que notre client ne peut pas se mettre en conditions pour la scène, sans son miel au piment.

— Euh..., bégaya l'un des officiers.

— En fait... ce n'est pas notre service qui s'en occupe, tergiversa l'autre.

Shrek les poussa sur le côté et partit à grands pas en direction du château. L'Âne, de ses prunelles félines, jeta un coup d'œil par-dessus son épaule en direction des chevaliers anxieux.

— Faites-moi penser à dire à Charmant que les types chargés de l'organisation sont de vrais nigauds !

Chapitre Dix-Sept

Les machinistes de Prince Charmant étaient affairés à installer le décor pour la représentation du soir. Charmant et Cyclope, quant à eux, en smoking et haut-de-forme, répétaient un petit numéro de danse, avec une troupe de sorcières et de nains.

— Clin d'œil... et pirouette ! Clin d'œil... pirouette ! Clin d'œil et... courbette ! les dirigeait le Prince, avec enthousiasme.

Désireux de bien faire, Cyclope ôta son chapeau et écarta brusquement les bras pour saluer, giflant son partenaire en pleine figure avec son haut-de-forme !

— Non, gros œil-de-bœuf ! lui hurla Charmant, irrité. C'est : frot' frot' cha cha cha !

Tandis que celui-ci fulminait, Rapunzel fit irruption sur scène, l'air crispé, une robe rouge à paillettes entre les mains.

— Tu n'espères tout de même pas que je vais porter *ça* ? demanda-t-elle au Prince, furax.

— C'était la robe de soirée de maman, lui répondit Charmant.

— Beurk ! s'écria Rapunzel, répugnée.

— Allez... juste une fois... *pour mon spectacle* ? insista-t-il d'une voix de charmeur.

— Toi et moi, il faut qu'on parle, le coupa sèchement la princesse.

— Pas maintenant, chérie. Je suis débordé, là. On parlera plus tard, une fois que j'aurai vaincu le monstre et que je t'aurai libérée de ta tour.

Rapunzel balança la robe par terre et tourna les talons, avant de s'éloigner à grands pas furieux.

Charmant la héla d'une voix pseudo-sincère :

— Voyons, ma petite citrouille... !

— Espèce de tordu ! tempêta Rapunzel, en

claquant la porte derrière elle. Le Prince dévisagea ses danseurs.

— Qui vous a dit de vous arrêter !?

— Euh... clin d'œil... pirouette... clin d'œil... pirouette..., répéta maladroitement le pauvre Cyclope, en sautillant lourdement sur place.

Prince Charmant partit s'enfermer dans sa nouvelle loge plaquée or et se mit à bouder. Les murs étaient recouverts de photos de *LUI* dans différents rôles d'acteur. Il s'écroula sur le trône installé devant sa coiffeuse et contempla son visage dans le miroir à trois glaces. Il soupira, ajustant l'orientation des glaces pour avoir un meilleur angle de vue sur son profil. C'est alors que là, s'y reflétant, campé dans l'embrasure de la porte... il découvrit Shrek ! Tutur, l'Âne et Potté, qui se dressaient derrière lui.

Charmant se retourna vers eux.

— C'est terminé, traître ! lui lança Shrek, en se penchant au-dessus de lui d'un air menaçant.

Le Prince recula dos à sa coiffeuse.

— Ravi que vous ayez pu arriver à temps, répondit-il sans se dégonfler. J'avais peur que vous manquiez le spectacle.

Il farfouilla discrètement dans son dos et actionna une alarme secrète sous la table.

Shrek empoigna Charmant par son plastron et prit un air renfrogné.

— Où est Fiona ? l'interrogea -t-il.

— Ne t'inquiète pas, lui sourit son ennemi avec mépris. Elle et ses amies sont saines et sauves. Enfin... pour le moment !

Shrek resserra sa prise, prêt à tordre le cou à cet intrigant ! Mais au même instant, un groupe de gardes fit irruption dans la pièce et les encercla.

Un chevalier arriva derrière eux, un panier de fruits entre les mains.

— J'espère que ceci suffira à réparer le malentendu, s'excusa l'homme en approchant de Shrek et ses amis.

Charmant dévisagea l'intrus, l'air complètement médusé.

Comprenant soudain la situation, le chevalier s'éclipsa à reculons de la loge et disparut prestement.

Charmant esquissa un sourire.

— Tu ferais mieux de me lâcher, suggéra-t-il à l'ogre.

Tous les gardes avaient leur épée braquée sur Shrek ; celui-ci laissa lourdement retomber sa proie par terre.

Le Prince se releva en époussetant son costume.

Tutur se débattit dans les bras des gardes et foudroya Charmant du regard.

— Ce n'est pas toi le vrai roi de Fort Fort Lointain !

Charmant roula des yeux et s'avança d'un pas nonchalant vers l'adolescent.

— Et je présume que, toi, tu es... ? rétorqua le Prince en ricanant.

Tutur hocha le menton d'un air vaillant.

— Arthur. Parfaitement !

Charmant se mit à glousser, en se retournant vers Shrek, le sourcil levé d'un air dubitatif.

— C'est ce morveux qui est censé devenir le roi de Fort Fort Lointain ? persifla-t-il en toisant Tutur, d'un œil méprisant. *Ri-di-cu-le !*

— Ça suffit, Charmant ! Je suis là, à présent, tu as ce que tu voulais ! Laisse-le en dehors de ça, grogna Shrek.

— Va-t'en, Tutur, lança l'ogre à son jeune ami. Ça ne te concerne pas.

— Ah non ? Et ça concerne qui alors ! Je suis bien censé être le nouveau roi, non ?

— Disons que tu n'étais pas exactement le premier sur la liste, lui répondit Shrek, légèrement mal à l'aise.

— Mais tu m'as pourtant déclaré que le Roi avait expressément demandé après moi, insista Tutur, confus.

— Pas tout à fait, précisa son interlocuteur de plus en plus embarrassé.

Tutur se tourna vers Potté et l'Âne, dans l'espoir d'obtenir une explication mais ces derniers s'empressèrent de détourner le regard.

— Mais... tu as dit que...

— J'ai dit ce que j'avais à dire, O.K. ? Ce n'était pas un boulot pour moi et j'avais besoin de quelqu'un pour faire ces pitreries à ma place, pigé ? Maintenant, va-t'en !

Tutur s'effondra.

— Tu t'es moqué de moi depuis le début ! cria-t-il.

À ces mots, Prince Charmant fit signe aux gardes de laisser le garçon partir.

Lequel s'éloigna vers la sortie, puis s'immobilisa avant de se retourner vers Shrek.

— Va-t'en ! lui ordonna l'ogre.

Puis il pencha la tête, tout penaud, tandis que Charmant s'approchait de lui.

— On peut dire que tu sais y faire avec les enfants, Shrek !

Alors, le Prince indiqua aux gardes d'emmener le monstre vert et ses acolytes.

Chapitre Dix-Huit

Enfermées depuis des heures dans le sombre donjon, les princesses commençaient à devenir chèvres.

— 'Faut que ça brille, 'faut que ça brille, répétait nerveusement Cendrillon, en astiquant le moindre recoin crasseux en vue. 'Faut nettoyer tout ça. Que ce soit bien propre !

La Belle au bois dormant, elle, ronflait dans un coin, étendue sur une vieille paillasse. Quant à Blanche-Neige, elle arpentait rageusement le sol humide de long en large. De son côté, Doris tentait de plier les barreaux de la cellule en les écartant à l'aide de ses gros bras musclés, quand soudain, un craquement retentit dans son dos.

Fiona regarda à travers l'étroite lucarne, en direction du château.

Blanche-Neige serra le poing en continuant à faire les cent pas.

— Si seulement on était restées tranquilles, sans bouger, comme je l'avais suggéré, à l'heure qu'il est on pourrait être en train de déguster un thé dans des petites tasses en forme de cœur !

— Oh oui, des tasses en forme de cœur, acquiesça Cendrillon, sans lever le nez.

— Et savourer de délicieuses galettes recouvertes de mûres, rajouta Blanche-Neige, furieuse.

— Oh oui, des mûres ! approuva encore Cendrillon.

— Arrête de répéter tout ce que je dis, toi !

— Oui, arrête de parler, l'imita une fois de plus Cendrillon, complètement schizophrène.

Cette dernière contempla son reflet dans une flaque d'eau d'un air halluciné.

— De toute façon, on s'en fiche de savoir qui dirige le royaume ! tempêta Blanche-Neige.

— Pas moi, la contredit Fiona.

La reine Liliane et sa fille s'avancèrent.

— Vous devriez toutes vous sentir concernées, intervint la souveraine.

C'est alors que la porte de la cellule s'ouvrit brusquement et qu'un garde, tout en armure, projeta l'Âne et Potté à l'intérieur.

— Eh là, doucement ! s'écria Potté dans le corps de l'Âne.

Le chat fusilla le cerbère du regard, indigné par ce mauvais traitement.

— Ouais, doucement ! approuva l'Âne dans le corps de Potté. Donne-moi ton code-barres, la boîte de conserve, que j'aille porter plainte...

La porte se referma d'un coup sec sur eux.

— L'Âne ?! s'exclama Fiona.

— Princesse ! répondit l'Âne.

— Potté ?! bafouilla Fiona, interloquée.

Le chat agita sa patte de baudet en l'air.

— En personne, Princesse, mais coincé dans ce corps hideux.

— Et moi, je suis là ! s'écria l'Âne, en levant sa patte de matou.

Fiona les examina l'un après l'autre, totalement confuse.

— Mais vous...

— Je sais, je sais, la coupa l'Âne. Tout ça paraît un peu dingue mais ce qui s'est passé, c'est qu'on est allés au lycée, le bateau s'est échoué, et on a joué à Supercalifragilisticexpialidocious avec Merlin l'Enchanteur.

— Mon pauvre petit biquet, ronronna Doris en caressant l'Âne-chat.

— Euh, je n' comprends pas..., bredouilla Cendrillon.

— Le minet s'est transformé en poney qui embaume le fenec, lui expliqua Blanche-Neige d'un ton sec. Qu'est-ce que tu ne comprends pas là-dedans ?

— Tiens, qui est-ce ? s'enquit la Belle au bois dormant, à moitié endormie.

— Où est Shrek ? demanda Fiona à l'Âne et Potté.

— Charmant l'a capturé, répondit l'Âne. Il a l'intention de s'occuper de son cas ce soir, devant tout le royaume.

Fiona et sa mère échangèrent un regard inquiet.

La princesse prit une profonde inspiration.

— Très bien, tout le monde : il faut qu'on trouve fissa un moyen de sortir d'ici !

— Oui, oui... tu as raison, approuvèrent ses congénères en marmonnant.

— Jeunes filles, à vos postes ! s'écria alors Blanche-Neige.

À ces mots, la Belle au bois dormant replongea dans un profond sommeil, Cendrillon se mit à astiquer frénétiquement dans tous les recoins, et Blanche-Neige s'allongea sur une paillasse, les lèvres retroussées dans l'attente d'un baiser.

— Non mais qu'est-ce qui vous prend ? leur demanda Fiona, interdite.

— Ben, on attend les secours ! lui expliqua la Belle au bois dormant.

— Vous plaisantez ou quoi ! hurla Fiona.

— Que veux-tu qu'on fasse d'autre ? lui rétorqua Blanche-Neige. On n'est que quatre...

Elle jeta un œil à Doris.

— ... enfin, *trois* princesses super belles, assistées de trois bêtes de foire, d'une ogresse enceinte, et d'une vieille dame !

La reine Liliane sourit, en s'avançant calmement au milieu du groupe de princesses.

— Pardon de vous interrompre mais la *vieille dame* aimerait passer.

Elle s'approcha du mur de la cellule, plaqua la paume de ses mains contre la paroi, et poussa un puissant « Heeeeeeeeeee-haaaaaaaaa » avant de défoncer le mur de briques d'un énorme coup de tête !

— Wouah ! s'exclamèrent les princesses, impressionnées.

— Tiens, leur lança la Reine d'un ton malicieux, on dirait que j'ai trébuché sur un trou.

— Maman !? s'écria Fiona, le souffle coupé de surprise.

— Quoi ? Tu ne croyais tout de même pas que tu tenais tes talents de judoka de ton père ? lui répondit gentiment la Reine, satisfaite de son petit effet.

La princesse sourit fièrement à sa mère. Elle se retourna vers ses amies, plus combative que jamais.

— O.K., les filles ! reprit-elle. À partir de maintenant, on va prendre les choses en main *nous-mêmes* !

— On peut savoir pourquoi ta mère n'a pas

bousillé le mur plus tôt… ? ronchonna Blanche-Neige.

— Tu veux retrouver ton prince charmant, toi, oui ou non ? la coupa Fiona, en ignorant sa remarque.

Blanche-Neige réfléchit à la question quelques minutes. Elle jeta un coup d'œil aux autres princesses ; toutes acquiescèrent d'un signe de tête.

À présent déterminées, elles se préparèrent au combat. Blanche-Neige déchira ses manches, dévoilant un tatouage de Simplet sur le biceps ! La Belle au bois dormant arracha l'ourlet de sa robe à froufrous, la Reine Liliane appliqua deux traits guerriers de rouge à lèvres sous ses yeux, et Cendrillon aiguisa le talon de sa pantoufle de verre.

Ces demoiselles se regroupèrent en cercle puis joignirent leurs mains au centre en signe de solidarité. Potté et l'Âne ajoutèrent, eux aussi, leurs pattes.

— En avant ! s'écrièrent-ils tous en chœur.

L'heure était venue pour elles de sauver le royaume !

Chapitre Dix-Neuf

Les prisonnières s'échappèrent de leur cellule et foncèrent en direction du château. Fiona aperçut deux arbres maléfiques surveillant l'entrée. Elle émit un petit sifflement à l'intention de Blanche-Neige. Cette dernière épousseta sa jupe, arrangea sa coiffure et s'avança, l'air de rien, en sautillant au milieu du chemin. Elle s'arrêta devant l'un des arbres maléfiques, et se mit à chanter d'une voix charmante :

— « *Ha ha ha ha haaaaa... Petits zoziaux, descendez de vos branches, voletez jusqu'à moi, gazouillant tous vos charmes...* »

Très vite, toutes les petites créatures de la forêt affluèrent vers Blanche-Neige.

— Attention à mon brushing, les piafs, marmonna-t-elle entre ses dents, sans perdre le rythme. « *Ecoutez mon chant... Ha ha ha ha haaaaa...* »

Les arbres l'écoutaient, subjugués, tandis que davantage de créatures se rassemblaient aux pieds de la ravissante princesse.

— « *Ha ha ha ha haaaaa* », continua Blanche-Neige, jusqu'à ce que tous les animaux soient présents.

Soudain, son visage changea radicalement d'expression. Elle se retourna vers eux, le regard armé de l'œil du tigre, et sa douce mélodie se transforma instantanément en cri de guerre :

— « *Ahhaha ! ! Ahhaha ! ! !* »

Comme des automates, les animaux se ruèrent férocement sur les arbres maléfiques. Pendant que ces derniers étaient occupés à repousser les attaques des petites boules de poils bagarreuses, Fiona ordonna l'assaut aux autres princesses :

— En avant ! On fonce !

Potté et l'Âne s'élancèrent de leur côté. Ils franchirent au pas de course les grilles du zoo de Fort Fort Lointain, où les dranons étaient gardés en captivité.

— Mes petits ! s'écria l'Âne.

Il ouvrit précipitamment leur cage, et tous sortirent en masse en se jetant sur leur papa pour l'embrasser.

— *Arf* ! À moi, j'étouffe ! hurla-t-il, assailli par ses adorables rejetons.

Pendant ce temps, les princesses coururent vers l'entrée du château. Doris donna un coup de poing sur le verrou et poussa le portail. Comme les jeunes femmes pénétraient sur les terres du château, un groupe de gardes armés s'approcha d'elles.

Cendrillon visa l'un d'eux avec sa pantoufle de verre et le mit aussitôt K-O. ; la pantoufle tournoya dans les airs comme un boomerang avant de revenir dans les mains de sa propriétaire ! De son côté, la Belle au bois dormant s'écroula volontairement par terre et fit trébucher un à un tous les gardes qui tentaient de les approcher !

Abandonnant les soldats assommés à la pagaille la plus complète, les princesses escaladèrent l'enceinte du bâtiment jusqu'au toit, pendant que Doris leur faisait la courte échelle.

Dans le centre-ville, l'Âne et Potté foncèrent en direction du petit théâtre de marionnettes où Charmant avait emprisonné Pinocchio. Ils brisèrent violemment le carreau et libérèrent le pantin de sa geôle.

Le Nain D'épices était enfermé dans la vitrine d'une boulangerie à proximité. Quand il aperçut ses camarades, il se mit à cogner du poing contre la paroi de verre. L'Âne, dans son corps de chat, se précipita vers la boutique et tenta de découper un trou à l'aide de ses griffes. Potté, dans son corps de bourricot, eut une meilleure idée : il fit voler la vitre en éclats d'un violent coup de sabot !

— Allons-y, les amis ! cria l'Âne en paradant dans ses bottes de chat Potté.

En avant, les *Chevaliers Impétueux* !

— Euh, l'Âne ? Sire... ? l'interrompit Pinocchio, hésitant. Je croyais qu'on s'était mis d'accord pour les *Chevaliers Super Cool* ?

— Ce n'était pas plutôt les *Chevaliers Redoutables* ? gémit le Nain D'épices.

— Moi j'avais voté pour l'*Escadron des Loups Féroces* ! ronchonna le Grand Méchant Loup.

— D'accord, on se calme ! se crispa l'Âne. À partir de maintenant, on se fera appeler l'*Escadron Super Cool des Loups Féroces et des Redoutables Chevaliers* ! Ça vous va comme ça ?!

Comme ils repartaient vers le château, un des Trois Petits Cochons remarqua une paire d'yeux les épiant depuis les buissons... Tutur ! Mais dès que Potté et l'Âne s'approchèrent de lui, l'adolescent leur tourna le dos, d'un air boudeur.

— Vous étiez au courant de tout et vous ne m'avez rien dit ! leur hurla-t-il avec colère.

— Tutur, voyons ! Shrek a agi ainsi pour te protéger, lui répondit Potté d'un ton apaisant.

Arthur demeura silencieux.

— Shrek t'a sauvé la vie ! ajouta l'Âne tout joyeux.

Le jeune prince réfléchit aux propos de ses deux compagnons, et soudain tout fut clair dans son esprit !

Chapitre Vingt

Le spectacle de Prince Charmant était minutieusement agencé. Le Capitaine Crochet, qui jouait les chefs d'orchestre, tapota son crochet métallique sur le pupitre à musique pour attirer l'attention des musiciens.

Alors que le peuple de Fort Fort Lointain prenait place dans la salle, les lumières baissèrent et les faisceaux des projecteurs sillonnèrent le public. Le rideau se leva tandis qu'une fumée épaisse comme du brouillard s'échappait en tourbillons de part et d'autre de la scène, jusqu'au pied d'une tour.

Un projecteur se braqua sur Rapunzel qui,

penchée à la fenêtre de la tour, se mit à chanter :

— « *Je suis si seule là-haut, enfermée jour après jour dans cette maudite tour ! À l'aide, libérez-moi ! Une nouvelle vie s'ouvre à moi. Un château, toi et moi... Oui, un château, et juste toi et moi...* »

Alors, au beau milieu de la scène, une coquille de palourde s'éleva en s'ouvrant lentement, laissant apparaître Prince Charmant à cheval.

— « *Me voici, me voilà !* s'écria le chevalier. *Sur mon destrier royal, ma Princesse adorée, je viens vous délivrer !* »

Des pétales de roses tombèrent en virevoltant sur la scène comme une pluie de neige rose, pendant que Charmant et sa fidèle monture sortaient de leur coquille.

Tandis qu'il cheminait vers la tour, l'acteur fredonnait toujours.

— « *Fort et intrépide, je fonce vers le danger ! Le courage, la hâte, et une chevelure flamboyante m'accompagnent dans cette course folle, à travers la chaleur torride du désert !...* »

Charmant balança son épée et coupa la tête d'un griffon en peluche.

— « *C'est chauuud !* » chantèrent les arbres maléfiques à l'unisson.

— « *... et à travers les eaux déchaînées !...* »

Le cavalier descendit de cheval d'un geste théâtral et s'empara sans mal de la tête d'un serpent de mer en carton.

— « *Ça mouuuille !* » chantèrent à leur tour les méchants nains.

— « *Je combats les crocs de monstres féroces !* » continua le Prince, en décapitant successivement un ours et un renne.

— « *C'est affreuuux !* » s'exclamèrent les méchants de contes de fées sur le même air.

Charmant s'arrêta au pied de la tour de Rapunzel pour lui donner une sérénade.

— « *Je savais que tu viendrais me chercher,* lança cette dernière à son soupirant. *Enfin, nous nous retrouvons !* »

— « *Je savais que tu m'attendrais. Et que, dans ma coupe d'amour, tu boirais !* » la louangea le Prince.

Alors, Rapunzel déroula sa longue tresse jusqu'au pied de la tour.

Dans les enceintes, un grognement retentit. Au milieu d'un éclair de lumière et de fumée, une trappe s'ouvrit brusquement sur la scène.

Charmant ne put s'empêcher de forcer son jeu. Il approcha une main de son oreille pour écouter et écarquilla les yeux en simulant la surprise. En coulisses, Mabel rugit dans un haut-parleur tandis que des méchants nains actionnèrent un gros levier métallique.

Pendant que la manivelle tournait en grinçant, une ombre gigantesque et menaçante envahit l'espace.

Le public dans la salle se figea de stupeur à mesure que l'ogre géant, éclairé par une épouvantable lumière en contre-plongée, s'élevait peu à peu de la trappe.

— « *Quel est donc cet affreux monstre qui ose nous interrompre ?* » fit mine de s'insurger Charmant.

— « *Fuir ou se battre, telle est la question !* » chantonnèrent les méchants tandis que pirates et chevaliers diaboliques dansaient dans le fond de la scène.

— « *Prince, sauve-moi...* » chanta Rapunzel.

— « *... des griffes de ce monstre !* » poursuivirent en chœur les méchants.

Charmant prit la pose, d'un air dramatique.

— « *N'ayez crainte, jeune damoiselle ! Je tuerai cette bête répugnaaaaaaannnnnte !* »

Shrek écarquilla les yeux en entendant la voix haut perchée de Charmant.

Ce dernier dégaina sur-le-champ son épée, la braqua sur la poitrine de l'ogre, et recommença à chanter d'une voix de plus en plus criarde :

— « *Tu es sur le point de découvrir un monde de souffraaaances, dont tu ignores l'existeeeeence... !* »

Alors que le Prince maintenait sa note haut perchée, des verres à pied se mirent à voler en éclats !

— Ah ! ah ! s'écria-t-il, triomphant.

— Question souffrance, ça ne peut pas être pire que ta voix de Castafiore ! répliqua l'ogre, d'un ton railleur.

Toute la salle éclata de rire ; sauf Charmant bien sûr. Ce dernier se figea net, troublé. Comme il tentait de se rappeler son texte, le Prince fit signe à Crochet de relancer la musique.

— « *Prépare-toi, bête répugnaaaante... !* »

— Pitié ! gémit Shrek, hilare. Achève-moi, c'est insupportable !

Fou rire général dans l'assemblée ! Le farceur sourit, ravi de régaler la foule avec ses répliques improvisées.

Charmant, lui, fulmina.

— Il *suffit* ! hurla-t-il, véxé comme un pou. Tu gâches tout mon spectacle !

— « Il suffit ! Tu gâches tout mon spectacle ! » l'imita Shrek, tordu de rire.

— Non mais tu vas arrêter *?* hurla sa victime d'un ton pleurnichard.

— « Non mais tu vas arrêter ? » babilla Shrek, d'un air innocent.

— Je ne plaisante pas !

— Moi non plus ! s'esclaffa l'ogre.

Charmant brandit son épée et la pointa sous la gorge de l'insolent.

— ASSEEEEEEEEZ ! s'époumona-t-il violemment.

La foule se tut subitement.

Le Prince arma son épée en l'air, s'apprêtant à frapper.

— À présent tu vas comprendre ce que c'est

que de perdre tout ce qui t'est cher ! tempêta-t-il, d'une voix sinistre.

Il serra les dents et fit tournoyer sa lame de toutes ses forces.

Toute la salle retint son souffle.

Soudain...

Une boule de feu traversa le ciel comme une fusée tandis que Dragonne survolait le théâtre de plein air. L'épée de Charmant se mit à fondre comme du caramel !

— *Achtung* ! s'écria un des Trois Petis Cochons pendant que ses frères et lui traversaient la scène à califourchon sur le griffon décapité par Charmant.

Le petit Pinocchio surgit du ciel, tel Superman, suspendu à ses ficelles de marionnette, et le Nain D'épices jaillit d'un sachet de popcorn dans le public avant de bondir sur le plateau. Le Loup déboutonna son costume de Grand Méchant et s'avança à son tour au milieu des planches.

Dans un assourdissant rugissement, Dragonne voltigea jusqu'à eux, guidée par l'Âne et Potté à cheval sur son dos et suivie de près par ses dranons.

— Implorez le pardon de Potté ! hurla le chat d'un miaulement sinistre.

Alors, la reine Liliane fit une percée sur scène en donnant un violent coup de tête dans la toile de fond du décor, escortée par la Belle au bois dormant et Doris. Blanche-Neige arriva à son tour, talonnée par Cendrillon brandissant un balai à franges pour toute arme ! Les princesses prirent elles aussi la pose face au public, aux côtés de Shrek, et un tonnerre d'applaudissements retentit ! Soudain, la fausse façade de la « cabane du Marais » s'écroula et Fiona apparut !

— Salut, chéri ! On est en retard ?

— Non, juste à l'heure, lui répondit Shrek, tout sourire.

Charmant frappa dans ses mains pour ordonner à l'orchestre de reprendre et fit signe à Crochet en hochant la tête d'un air entendu.

Les méchants de contes de fées réalisèrent subitement que c'était à leur tour de faire leur entrée. Un par un, ils se mirent en place. Cyclope jaillit d'une trappe, acculant ainsi l'Âne et Potté dans un angle, les sorcières voltigèrent de part et d'autre pour encercler les princesses, et le Nain D'épices se retrouva entouré de méchants chevaliers. Ils n'avaient aucune issue !

Balançant son épée d'un geste plein de simagrées, Prince Charmant ordonna à ses troupes d'attaquer !

Soudain, un puissant projecteur l'aveugla. Shrek leva les yeux, et découvrit Tutur perché dans les combles.

Le jeune héritier descendit sur scène d'un bond, puis s'adressa à la foule, comédiens comme spectateurs :

— Qui est d'accord pour régler les choses de cette manière ?

Tous les méchants levèrent instantanément la main.

— Vous voulez dire que vous préférez rester des méchants toute votre vie ? poursuivit Arthur.

Les vilains se rapprochèrent dangereusement de lui.

— Mais nous *sommes* des méchants, lui répliqua Crochet. Nous ne savons rien faire d'autre !

— Et jamais vous n'avez envisagé de devenir *quelqu'un d'autre* ? insista Tutur.

Les mauvaises créatures s'échangèrent des coups d'œil en considérant la question.

— Facile à dire pour toi ! siffla un arbre maléfique. Tu n'es pas *ensorcelé* comme nous !

Prince Charmant rugit de colère.

— Ne l'écoutez pas, bande de crétins ! leur cria-t-il. Attaquez-les !

Un autre arbre maléfique s'approcha de son chef par derrière et plaqua une de ses branches sur sa bouche !

— Ce que Steeve essaie de t'expliquer, petit, c'est que c'est dur d'être gentil quand l'univers tout entier est contre toi ! expliqua un troisième arbre à Tutur.

— Exactement, merci Ed, ajouta le premier.

Tutur déambula au milieu des ennemis, observant chacun d'eux dans le blanc des yeux.

— Je comprends, leur concéda-t-il.

Les méchants de contes de fées poussèrent un profond soupir et acquiescèrent en chuchotant entre eux.

— Un jour, un de mes meilleurs amis m'a appris une chose : ce n'est pas parce qu'on te prend pour un méchant que tu en es un en réalité.

Tous écoutaient désormais attentivement le jeune prince.

— Ce qui compte, c'est comment, toi, tu te vois, affirma l'adolescent. Si, au plus profond de toi, tu aspires à faire quelque chose ou à devenir quelqu'un, la seule personne capable de t'en empêcher... c'est toi-même.

Tutur jeta un coup d'œil à Shrek ; tous deux échangèrent un sourire complice. Un pirate eut l'air de s'affoler.

— *Moi* ? s'écria-t-il.

— Mais non, pas toi ! Je voulais dire que, pour chacun d'entre vous, c'est vous et vous seul qui vous empêchez de changer ! lui hurla Arthur.

Tous les méchants acquiescèrent à nouveau en hochant la tête.

Sauf le Cavalier Sans Tête, qui se fraya un chemin parmi la foule.

— J'ai toujours voulu apprendre à jouer de la guitare ! confia-t-il.

— Moi j'aimerais ouvrir un club de remise

en forme dans le Sud de la France ! s'écria la Méchante Reine.

— J'adore faire pousser des jonquilles, avoua à son tour le Capitaine Crochet.

Tout le monde, ébahi, dévisagea le vieux pirate grincheux.

— C'est magnifique, les jonquilles !

Les uns après les autres, les méchants baissèrent les armes et se mirent à discuter ensemble de leurs souhaits et de leurs rêves les plus fous.

Prince Charmant les observa, abasourdi. Son armée avait désarmé ! Fou de colère, il se dégagea brusquement de l'arbre qui le retenait et attrapa une épée abandonnée sur le sol. Il serra les dents et fonça sur la foule en direction de Tutur.

— Ahhhhhhh ! hurla-t-il comme un enragé.

Le jeune héritier lui fit face vaillamment. Shrek réalisa ce qu'il se passait et, usant de toutes ses forces, se libéra brusquement de ses chaînes. Il lança l'une d'elles comme un lasso sur l'épée de Charmant et fit vaciller le Prince. Mais ce dernier repassa aussitôt à l'attaque et se jeta sur Shrek en lui plantant sa lame en plein dans la poitrine !

L'ogre tomba à genoux ; la foule tout entière frémit d'horreur. Prince Charmant n'en croyait pas ses yeux : il avait enfin réussi à terrasser son pire ennemi !

Shrek se tourna vers Tutur.

— J'étais bon là ? lui demanda-t-il, amusé.

Puis il explosa de rire en découvrant l'épée blottie bien au chaud sous son aisselle !

— C'était censé être *à moi* de vivre heureux pour toujours ! fulmina Charmant, à bout de souffle.

— Eh bien, je te suggère de poursuivre tes efforts, lui répondit Shrek, parce que je n'ai pas l'intention de te donner ma place !

Sur ce, il fit signe à Dragonne de renverser la tour d'un coup de queue ; la tour de Rapunzel s'effondra comme un château de cartes sur Charmant.

Lorsque la poussière se dissipa, Tutur se pencha pour ramasser la couronne qui était tombée de la tête de l'usurpateur. Il l'étudia avec attention.

— Elle est à toi, si tu veux, tu sais, lui chuchota Shrek.

Le jeune homme leva les yeux vers son ami vert, qui souriait au-dessus de lui.

— Sauf que, cette fois, c'est à toi de décider.

Arthur esquissa un sourire entendu. Il était précisément sur le point de se décider, lorsque subitement, tous les méchants et les gentils de contes de fées se rassemblèrent autour de lui et le hissèrent sur leurs épaules !

— Tu-tur ! Tu-tur ! Tu-tur ! l'acclamèrent-ils joyeusement.

Il n'avait plus qu'une solution : mettre la couronne sur sa tête !

L'Âne retint ses larmes.

— Notre petit Tutur a bien grandi !

— Oui, bien joué, les potes ! ajouta Potté.

— Tu sais quoi, mec ? lui lança soudain l'Âne. Avant, j'avais l'habitude de faire ma toilette dans un bac à sable... eh bien, finalement, je n'ai pas pu résister à l'envie de me faire une petite toilette de chat !

— Tu n'as pas fait *ça* ? s'écria Potté, consterné.

— Si, je me suis rendu compte que c'était assez sympa d'être un félin en fait !

— J'avoue, pour ma part, qu'une fois que mon nez s'est habitué à ton odeur de peau de bête, j'ai réalisé que les ânes étaient des êtres forts, fidèles, et dignes de confiance, lui confia Potté.

— Alors, amis pour la vie ? s'écria l'Âne.

— *Si señor* ! approuva Potté.

Soudain, Merlin apparut dans un nuage de fumée. Les deux compères s'approchèrent aussitôt de lui.

— Dites donc, l'Enchanteur, il serait peut-être temps de rectifier le tir ! lui lança le chat.

— Oui, parce que je ne vais quand même pas passer mon existence à me faire des toilettes de matou ! s'écria l'Âne.

Merlin se frotta les mains, en acquiesçant d'un signe de tête.

— Vous allez peut-être ressentir un picotement, les prévint-il.

Des éclairs de lumière jaillirent de ses doigts magiques, et instantanément Potté et l'Âne retrouvèrent leur corps d'origine.

— Youpi ! Je suis à nouveau moi ! fanfaronna l'animal aux longues oreilles.

— Et moi, je ne suis plus toi ! s'exclama le minet.

Les deux copains se jetèrent dans les bras l'un de l'autre, puis s'éloignèrent en rigolant, bras dessus, bras dessous.

Merlin glousse nerveusement en réalisant que Potté avait toujours la queue de l'Âne, et vice versa !

— Bah, c'est pas bien grave, murmura Merlin en s'éclipsant discrètement.

Shrek prit la main de Fiona dans la sienne.

— Je suis désolé de ne pas avoir été là, lui dit-il. Je n'aurais jamais dû partir.

— Pense ce que tu veux, mais je suis convaincue que tu aurais fait un très bon roi, lui répondit tendrement son épouse.

— Ah non, j'ai beaucoup mieux à faire, lui confia Shrek, en souriant, une main posée sur le ventre de la future maman.

Fiona sourit à son tour, avant de donner un long baiser langoureux à son ogre de mari.

Chapitre Vingt-et-Un

Shrek et Fiona rejoignirent le Marais dans la joie et la bonne humeur, et leur cabane ne tarda pas à être envahie de petits pieds d'ogres tambourinant sur le sol.

Shrek était passé maître dans l'art de préparer des bouillies pour bébés à base de jus de limace, de globes oculaires, et de vers de terre. Il remplit les gourdes et les apporta à Fiona, qui était installée dans un confortable fauteuil au coin du feu. Deux bambins étaient assis sur ses genoux, tandis qu'un troisième rampait jusqu'à lui et tirait sur sa jambe. Son papa sourit, amusé, en hissant le bébé dans ses bras, puis enlaça tendrement sa petite famille.

Après le souper, l'Âne et Potté passèrent rendre visite à leur ami.

— Pouah ! Ça sent le Shrek Junior par ici ! s'écria l'Âne, d'un ton blagueur.

Les dranons affluèrent derrière leur père tandis que ce dernier entrait dans la cabane ; Dragonne passa la tête dans l'embrasure de la porte, en lançant un regard affectueux à l'intérieur de la maisonnée.

Shrek tentait de faire de son mieux pour changer le lange des bambins. Il entortilla la couche de l'un en tirant dessus, et le nourrisson partit en vol plané avant d'atterrir dans une couche que Fiona brandissait dans ses mains !

Potté baissa la tête vers un des triplés dodelinant à ses pieds. Le bébé retira sa tétine de sa bouche, l'enfonça dans celle de Potté, et donna une tape dans le dos au chat tandis qu'un dranon tirait sur la queue du pauvre matou !

— Coucou ! s'écria l'Âne pour faire le clown, en cachant ses yeux avec ses grandes oreilles.

Les petits ogres poussèrent de petits cris aigus de délice !

L'un d'eux enfonça son doigt dans l'oreille

de son père pour y recueillir de la cire et s'en servit comme d'un crayon de couleur pour dessiner !

La reine Liliane, qui était très fière de ses petits-enfants, faisait bondir un des bébés sur ses genoux.

Soudain, on frappa à la porte.

L'Âne était affalé par terre en train de siroter une des gourdes qu'il tenait entre ses sabots ; Shrek lui arracha la bouteille des pattes en allant ouvrir.

— Hé ! ronchonna le baudet.

Shrek ouvrit la porte, et sur le seuil apparut le baby-sitter nain que Blanche-Neige leur avait offert.

— Où est le cher trésor ? demanda mécaniquement le nain.

Notre ogre enfonça la gourde dans la bouche du visiteur et le chassa. Fiona et lui entendaient bien s'occuper *eux-mêmes* de l'éducation de leurs enfants !

Dedans comme dehors, le Marais était envahi de beaux bébés en pleine santé. Shrek leur construisit un superbe toboggan de boue. Il le testa le premier, déboulant du haut de l'engin dans un gigantesque SPLASH ! Dranons et petits triplés exultèrent de joie.

Le soir venu, lorsque tous furent baignés, changés, et nourris, les bébés furent prêts à être mis au lit.

Fiona et Shrek admirèrent leur progéniture avec fierté et rassemblèrent leurs petits pour les coucher.

— Enfin..., soupira Shrek, épuisé.

Pour la première fois de la journée, le Marais était calme et silencieux.

— Bon, qu'est-ce qu'on fait maintenant ?

Une minute plus tard, sans même s'en rendre compte, tous deux dormaient à poings fermés. Jusqu'à ce que...

— Ouinnnnnnn !

— Chéri..., murmura Fiona dans son sommeil.

— O.K. ! Je m'en occupe, marmonna ce dernier, en se traînant jusqu'à la cuisine pour faire réchauffer les gourdes de jus de limace délicieux.

Tous les nourrissons tétèrent bientôt chacun leur bouteille d'un air ravi. Le visage de Shrek s'illumina de bonheur en contemplant ses petits de ses gros yeux d'ogre endormi. Pour le coup, ce n'était pas un rêve ! Il avait fini par trouver ce qu'il cherchait... et *lui aussi* vivrait heureux pour toujours !

Composition *JOUVE* – 62300 Lens
N° 1227260h

Impression réalisée sur CAMERON par
BRODARD ET TAUPIN
La Flèche
En mai 2007
Dépôt légal imprimeur : 41592 – Éditeur : 87992
20.16.1356.3/01 – ISBN : 978.2.01.201356.8
Loi n° 49-956 du 16 juillet 1949 sur les publications destinées à la jeunesse.
Dépôt : juin 2007.